本书编委会

主　　编　郭林茂（全国人大常委会法工委社会法室主任）

副 主 编　陈佳林（全国人大常委会法工委社会法室副主任）

参编人员　刘左军　刘　斌　郑全红　赵　光　王　涛
母光栋　朱　涛　吕　翔　徐潇枫　林晶晶
杨　帆　徐泽文

中华人民共和国未成年人保护法

实用问答

主　编◎郭林茂

中国民主法制出版社

图书在版编目（CIP）数据

中华人民共和国未成年人保护法实用问答／郭林茂主编. —北京：中国民主法制出版社，2020. 11

ISBN 978-7-5162-2313-0

Ⅰ. ①中… Ⅱ. ①郭… Ⅲ. ①未成年人保护法—中国—问题解答 Ⅳ. ①D922. 183. 5

中国版本图书馆 CIP 数据核字（2020）第 223827 号

图书出品人：刘海涛
出 版 统 筹：乔先彪
责 任 编 辑：陈　曦　贾萌萌　谢瑾勋
图 书 策 划：刘　卫

书　　名／中华人民共和国未成年人保护法实用问答
作　　者／郭林茂　主编

出版·发行／中国民主法制出版社
地址／北京市丰台区右安门外玉林里 7 号（100069）
电话／010－57258080　57514499（系统发行）　63292520（编辑室）
传真／010－84815841
http：//www. npcpub. com
E-mail：mzfz@ npcpub. com
经销／新华书店
开本／16 开　710 毫米×1000 毫米
印张／6. 25　　**字数**／83 千字
版本／2021 年 1 月第 1 版　2021 年 1 月第 1 次印刷
印刷／北京飞帆印刷有限公司

书号／ISBN 978-7-5162-2313-0
定价／28. 00 元

前　言

2020 年 10 月 17 日，第十三届全国人大常委会第二十二次会议高票通过了新修订的《中华人民共和国未成年人保护法》（以下简称未成年人保护法）。国家主席习近平签署第五十七号主席令，公布了新修订的未成年人保护法。这部法律将于 2021 年 6 月 1 日起正式施行。在实现中华民族伟大复兴中国梦的时代背景下，全面修订未成年人保护法，对于保障未成年人合法权益，促进未成年人全面发展，培养担当民族复兴大任的时代新人，具有重大的现实意义。

修订后的未成年人保护法，新增“政府保护”“网络保护”两个专章，将原法由 7 章扩展为 9 章，条文由 72 条增加到 132 条。新修订的未成年人保护法积极回应广大人民群众的呼声和诉求，针对实践中侵害未成年人合法权益的突出问题，从家庭保护、学校保护、社会保护、网络保护、政府保护、司法保护六个方面构建了全方位的未成年人保护制度体系，为保护未成年人合法权益，促进未成年人健康成长和全面发展提供了有力的法制保障。

为了配合修订后未成年人保护法的学习、宣传，帮助中小学生、家长以及相关工作者准确理解和掌握新法的规定，更好地运用法律武器维护未成年人的合法权益，我们编写了本书。全国人大常委会法制工作委员会社会法室主任郭林茂担任主编，社会法室副主任陈佳林担任副主编。刘左军、刘斌、郑全红、母光栋、赵光、王涛、朱涛、吕翔、徐潇枫、林晶晶、杨帆、徐泽文等同志参与了编写。本书紧扣未成年人依法享有的权利，结合与未成年人密切相关的场景，以问答的形式和通俗易懂的语言，阐释未成年人保护法有关规定的立法原意，但由于时间和水平有限，不妥和疏漏之处在所难免，敬请广大读者批评指正。

编者

2020 年 11 月

目　录

中华人民共和国
未成年人保护法实用问答

1. 未成年人保护法中的未成年人是指什么？（第二条）

答：根据未成年人保护法第二条的规定，未成年人是指未满十八周岁的公民。法律上的未成年人包括两个条件：一是应当未满十八周岁。未成年人是相对于成年人而言的，通常以生理年龄作为是否成年的标准，世界上多数国家都是以未满十八周岁作为未成年人的标准。遵循国际通行做法，我国民法典第十七条规定，十八周岁以上的自然人为成年人，不满十八周岁的自然人为未成年人。因此，未成年阶段包括从出生之日起至不满十八周岁的阶段，胎儿在脱离母体前不是独立的个体，还不属于未成年人。二是应当是我国公民。根据宪法第三十三条第一款的规定："凡具有中华人民共和国国籍的人都是中华人民共和国公民。"根据国籍法的规定，父母双方或一方为中国公民，本人出生在中国，具有中国国籍；父母双方或一方为中国公民，本人出生在外国，具有中国国籍；父母无国籍或国籍不明，定居在中国，本人出生在中国，具有中国国籍；外国人或无国籍人，愿意遵守中国宪法和法律，并具有法定条件的，可以经申请批准加入中国国籍。父母双方或一方为中国公民并定居在外国，本人出生时即具有外国国籍的，不具有中国国籍。除了上述两个条件外，法律没有规定其他条件，只要满足这两个条件，就享有法律赋予未成年人的各项权利。

2. 未成年人因为户籍、家庭状况等受到歧视，这合法吗？（第三条）

答：宪法规定，中华人民共和国公民在法律面前一律平等。未成年人保护法第三条明确规定，未成年人依法平等地享有各项权利。平等享有权利，意味着不受歧视，不论因为什么原因歧视未成年人，都是不合法的。依据未成年人保护法第三条的规定，未成年人不因本人及其父母或者其他监护人的民族、种族、性别、户籍、职业、宗教信仰、教育程度、家庭状况、身心健康状况等受到歧视。男女平等、民族平等、宗教信仰自由都是我国的宪法原则。不论本人及其父母是何种性别，属于哪个民族或者种族，是否信仰宗教或者信仰哪种宗教，未成年人都平等地享有权利。近年来，有些歧视未成年人的现象较为突出：一些未成年人因家庭财富状况或者其他家庭状况（如单亲家庭、离异家庭等）受到歧视；由于城乡差异和区域不平衡，一些未成年人因户籍受到歧视；一些未成年人因父母或者其他监护人从事殡葬、传染病防治等职业受到歧视；一些未成年人因自身或者父母文化程度较低受到歧视；一些未成年人因自身或者父母感染严重疾病、身体残疾或者有精神障碍等受到歧视。为此，法律明确要求，不能因为家庭状况、户籍、职业、教育程度、身心健康状况等因素歧视未成年人，不仅不能因为其自身因素歧视未成年人，也不能因为其父母或者其他监护人的因素歧视未成年人。

3. 什么是最有利于未成年人原则？（第四条）

答：最有利于未成年人原则，就是在保护未成年人的人身权利、财产权利及其他合法权益的过程中，要综合各方面因素进行权衡，选择最有利于未成年人的方案，采取最有利于未成年人的措施，实现未成年人利益的最大化。未成年人保护法第四条明确将最有利于未成年人原则作为未成年人保护规定的基本原则。我国其他有关法律法规以及司法解释性质文件也从不同方面体现这一原则。2014 年，最高人民法院、最高人民检察院、公安部、民政部联合发布《关于依法处理监护人侵害未成年人权益行为若干问题的意见》，明确提出未成年人没有其他监护人的，人民法院根据最有利于未成年人的原则，在规定的人员和单位中指定监护人。指定个人担任监护人的，应当综合考虑其意愿、品行、身体状况、经济条件、与未成年人的生活情感联系以及有表达能力的未成年人的意愿等。民法典第三十五条、第一千零四十四条分别规定，监护人应当按照最有利于被监护人的原则履行监护职责，收养应当遵循最有利于被收养人的原则。当被监护人、被收养人是未成年人，体现出来的就是最有利于未成年人的原则。

4. 关于未成年人保护，总体性的要求有哪些？（第四条）

答：根据未成年人保护法第四条的规定，在处理涉及未成年人事项时，应当注意符合下列总体性的要求：（1）给予未成年人特殊、优先保护，既包括给予未成年人不同于成年人的特殊保护，也包括对于留守儿童、困境儿童等特殊群体给予特殊照顾，还包括在制定法律法规、政策规划和配置公共资源等方面优先考虑未成年人权利和需求。（2）尊重未成年人人格尊严，保护未成年人的肖像权、姓名权、名誉权、荣誉权等人格权利，尊重其人格尊严。（3）保护未成年人隐私权和个人信息，隐私是自然人的私人生活安宁和不愿为他人知晓的私密空间、私密活动、私密信息；个人信息是以电子或者其他方式记录的能够单独或者与其他信息结合识别特定自然人的各种信息，包括姓名、出生日期、身份证件号码、电话号码等。（4）适应未成年人身心健康发展的规律和特点，提出的要求和采取的措施应当符合未成年人的阶段性特征，有利于促进未成年人身心健康发展。（5）听取未成年人的意见，尊重未成年人的参与权和表达权，尊重其真实意愿。（6）保护与教育相结合，在实现保护的同时促进教育，在教育的同时实现保护。

5. 对未成年人应当进行哪些教育？（第五条）

答：对未成年人应当进行全方位的教育，包括理想教育、道德教育、科学教育、文化教育、法治教育、国家安全教育、健康教育、劳动教育八个方面的教育。对未成年人进行教育，要突出重点，最主要的就是思想道德教育，增强爱国主义、集体主义和中国特色社会主义的教育。在加强以上教育的同时，还要培养爱祖国、爱人民、爱劳动、爱科学、爱社会主义的公德，抵制资本主义、封建主义和其他腐朽思想的侵蚀，引导未成年人树立和践行社会主义核心价值观。

6. 保护未成年人是谁的责任？（第六条）

答：未成年人保护工作关系重大，情况多变复杂、涉及人数众多，是一项非常艰巨的系统工程，需要全社会共同承担。因此，保护未成年人是全社会的责任。国家机关、武装力量、政党、人民团体、企业事业单位、社会组织、城乡基层群众性自治组织、未成年人的监护人和其他成年人，都有保护未成年人的责任，应当按照各自的职责做好未成年人保护工作。

7. 国家在未成年人监护方面承担哪些职责？（第七条）

答：父母或者其他监护人是履行监护职责的第一责任人，同时国家也负有不可推卸的责任。未成年人保护法第七条规定，国家采取措施指导、支持、帮助和监督未成年人的父母或者其他监护人履行监护职责。国家通过设立专门机构或者指定专门人员，开展家庭教育指导服务，发展托育、学前教育事业，保障完成义务教育，提供卫生保健服务，对困境未成年人实施分类保障等多种方式，指导、支持、帮助未成年人的父母或者其他监护人履行监护职责。同时，当父母或者监护人不依法履行监护职责或者侵犯未成年人合法权益时，由居民委员会、村民委员会劝诫、制止；情节严重的，公安机关予以训诫，并可以责令其接受家庭教育指导，体现国家的监督职责。

除了承担指导、支持、帮助和监督的职责外，国家还有一个重要的兜底性责任，即因各种原因出现没有监护人的情况时，由国家对未成年人履行监护职责，具体由民政部门承担。民法典第三十二条规定："没有依法具有监护资格的人的，监护人由民政部门担任，也可以由具备履行监护职责条件的被监护人住所地的居民委员会、村民委员会担任。”未成年人保护法第九十二条、第九十四条也分别规定，在特定情形下由民政部门依法对未成年人进行临时监护或者长期监护。

8. 在未成年人保护工作中，少先队、共青团发挥什么作用？（第十条）

答： 少年先锋队，简称少先队，是中国共产主义青年团领导下的少年先锋队组织，是党团结、教育广大少年儿童的桥梁和纽带。在众多的群众团体中，少年先锋队是唯一全部由未成年人参加的全国性少年组织，是未成年人自己的组织。少年先锋队的主要作用是通过集体活动，团结、教育少年儿童，培养他们成为爱祖国、爱人民、爱劳动、爱科学、爱社会主义，有理想、有道德、有纪律、有文化的社会主义新人。共产主义青年团，简称共青团，是中国共产党领导下的先进青年群体，是党联系广大青年的桥梁和纽带，同时也是未成年人保护组织中最主要的团体，在未成年人保护工作中起着非常重要的协助作用：一是参与未成年人保护立法工作，向立法机关提出立法建议，参与国家有关未成年人工作方针政策的制定；二是积极创造条件，为未成年人参加文化、娱乐、体育活动以及参与社会民主监督提供机会；三是积极引导未成年人学习马克思主义，学习科学文化知识，帮助他们树立远大理想和形成良好品德，成为有理想、有道德、有文化、有纪律的社会主义建设者和接班人；四是依法维护未成年人的合法权益，同各种侵犯未成年人合法权益的行为作斗争。

9. 在大街上发现未成年人流浪乞讨，谁可以管，谁必须管，怎么管？（第十一条）

答： 未成年人保护法第十一条第一款规定，任何组织或者个人发现不利于未成年人身心健康或者侵犯未成年人合法权益的情形，都有权劝阻、制止或者向公安、民政、教育等有关部门提出检举、控告。因此，当发现未成年人流浪乞讨或者未成年人受到伤害等情形，任何人都可以管，都有权制止或者检举、控告，这是宪法赋予的重要权利。任何组织或者个人，包括权益受到侵犯的未成年人及其父母或者监护人等相关人员，也包括不直接相关的组织或者个人。但是，对于有些主体来说，他们一旦发现就必须管，对于他们来说不是权利，而是法定的义务。未成年人保护法第十一条第二款规定，国家机关、居民委员会、村民委员会、密切接触未成年人的单位及其工作人员，在工作中发现未成年人身心健康受到侵害、疑似受到侵害或者面临其他危险情形的，应当立即向公安、民政、教育等有关部门报告。这就是法律规定的强制报告制度。有关部门接到涉及未成年人的检举、控告或者报告，应当依法及时受理、处置，并以适当方式将处理结果告知相关单位和人员。

10. 国家为什么要建立健全未成年人统计调查制度?（第十三条）

答: 我国目前有关未成年人的统计调查制度还不够健全，也不是很系统，比较分散。2017 年国务院发布了《中国儿童发展纲要（2011—2020年)》，在发展纲要中对未成年人的出生率、死亡率、入学率等作了统计调查。这些统计调查对国家进一步采取有效措施，保护未成年人提供了基础的数据，可以精准施策。有关部门还开展了全国妇幼儿童情况的统计调查，了解妇幼健康工作、孕产妇和儿童健康、计划生育技术服务等情况，为制定妇女和儿童健康政策和规划提供依据。因此，有必要建立健全未成年人的统计调查制度。

11. 未成年学生做错了事，父母用打耳光、不许吃饭等方式惩罚，这样的行为合法吗?（第十七条）

答: 这样的行为不合法。受“棍棒底下出孝子”“孩子不打不成器”等传统教育观念影响，在现实家庭生活中，针对未成年人的家庭暴力非常普遍，许多父母认为打孩子才是正确的教育方式。除了打耳光、不许吃饭，还有的父母会采用罚跪、鞭打、禁止出门等惩罚方式。未成年人保护法明确规定了父母在家庭监护中禁止实施的行为，其中包括父母不得虐待、遗弃、非法送养未成年人或者对未成年人实施家庭暴力。采用打耳光、不许吃饭等方式惩罚未成年人，侵害了未成年人的身心健康，不利于未成年人健康成长，属于未成年人保护法所明确禁止的行为，情节严重的，还会承担行政、刑事责任。如果遇到上述情况，未成年人可以向居住地的居民委员会、村民委员会求助，也可以向公安机关报告。

12. 过节聚会，亲戚朋友劝未成年人抽烟、喝酒，未成年人应该怎么办？（第十七条）

答：烟酒对未成年人身心健康具有严重的危害。未成年人身心处于发育状态，自制能力不强，接触烟酒后容易成瘾。酒精会影响未成年人的大脑发育，使其智力下降等；烟草燃烧时，会释放大量有害物质，给人体多数脏器发育带来损伤。近年来，一些电子烟企业将电子烟标榜为“年轻”“时尚”的代表诱导未成年人，加之电子烟本身具有新奇性，在电商平台可随意购买，导致电子烟在未成年人群体中有泛滥趋势。未成年人保护法明确规定，父母或者其他监护人不得放任、唆使未成年人吸烟（含电子烟）、饮酒。因此，未成年人的父母应当遵守法律的规定，履行法定的监护职责，以身作则，为未成年人创造良好的家庭生活氛围，及时制止未成年人吸烟、饮酒的不良行为，帮助、教育未成年人远离烟酒的侵害。未成年人自身应当充分认识到烟酒的危害性，遇到亲戚朋友劝烟劝酒时，要礼貌地明确表示拒绝。

13. 未成年人家里经济条件不好，学习成绩也不好，父母可以让未成年人出去打工补贴家用吗？（第十七条）

答：不可以。未成年人依法享有受教育权。我国实行九年义务教育制度，父母或者其他监护人应当依法保证未成年人按时入学接受并完成义务教育。未成年人保护法明确规定，父母或者其他监护人不得放任或者迫使应当接受义务教育的未成年人失学、辍学。一方面，即使未成年人有主动放弃接受义务教育的意愿，父母也不得放任未成年人失学、辍学，而是应该与学校配合，耐心做好说服教育工作，保证未成年人返校入学；另一方面，父母不得以家庭经济条件不好等任何理由，迫使适龄未成年人失学、辍学，应当保障其接受并完成义务教育，如有特殊原因需要延缓入学或者休学的，也应当向教育部门提出申请。否则，将依法承担相应的法律责任。

14. 在学校获得了500元奖学金，父母要求保管，未成年人可以拒绝吗？（第十七条）

答：父母有权要求保管未成年人的奖学金，未成年人不可以拒绝。从法律上讲，未成年人可以通过合法途径拥有自己的财产，如长辈给的压岁钱、创作文章获得的稿酬、学校颁发的奖学金、参与演出获得的报酬等，这些合法取得的财产受到法律平等保护，任何人包括父母在内，都不得侵犯未成年人的财产以及财产权利。但由于未成年人心智发育还不够成熟，父母作为监护人，承担着抚养、教育、保护未成年人的职责，为了保护未成年人的财产权益，父母有权管理和支配未成年人的财产。未成年人保护法明确规定，父母应当依法妥善管理和保护未成年人的财产，不得违法处分、侵吞未成年人的财产。这就是说，父母可以帮助未成年人保管奖学金，但是应当进行妥善的管理和保护，不得违法处分、侵吞。除为维护未成年人利益外，如为了未成年人的生活、教育支出等，父母不得随意使用未成年人的奖学金。

15. 父母应当如何保证家庭生活环境的安全？（第十八条）

答：安全的家庭生活环境是保护未成年人生命健康权的第一道防线。在家庭生活环境中造成未成年人伤害的主要有三方面：一是触电。目前家用电器、移动电子产品已成为家庭的必备品，电源插头和电子充电设施的增多，加大了未成年人触电的风险。近些年发生的未成年人触电伤亡事故中多与未成年人不当接触电源插座、接线板等有关。因此，父母应当重视未成年人用电安全的教育，在家庭中使用合格、安全的电器和移动电子产品，及时排查家庭环境中可能引发未成年人触电的隐患，从根源上减少触电事故的发生。二是烫伤。烫伤主要发生在零岁至四岁的未成年人，大约84%发生在家里。厨房是家庭火源和热源的主要来源地，所以，父母应当尽可能使未成年人主要的活动区域远离厨房，同时将打火机、火柴、酒精、消毒液等易燃易爆物品放到未成年人触及不到的地方。对于年龄较大的未成年人，应当帮助他们掌握安全用火、用电的生活技能，正确使用煤气灶、电水壶、微波炉、热水器、取暖炉等设施。三是跌落。随着我国城市中高层住宅楼越来越多，未成年人从高楼跌落的悲剧在不断地上演。高层住户窗户、阳台缺乏防护栏等安全设施成为导致未成年人高空跌落最直接的因素。因此，父母应当在阳台、窗户安装防护栏等安全设施，清除家庭环境里容易引发未成年人跌落的危险因素，未成年人容易攀爬的沙发、床、桌凳等家具应当尽量和阳台、窗台保持一定的距离，防止这些物品成为未成年人跌落事故的诱因。

16. 未成年人乘坐家里的汽车出行一定要使用儿童安全座椅吗?（第十八条）

答：未成年人的父母应当采取配备儿童安全座椅、教育未成年人遵守交通规则等措施，防止未成年人受到交通事故的伤害。世界卫生组织在《2018年全球道路安全状况报告》中建议，对于年龄在十周岁或者身高135厘米以下的未成年人应当使用儿童安全座椅等约束系统。之所以对配备儿童安全座椅等汽车约束系统如此重视，是因为根据未成年人的年龄和身高、体重等选择儿童安全座椅可以大大降低交通事故中未成年人死亡和重伤的风险，实践中的数据显示，婴儿正确使用反向座椅，在碰撞中死亡风险可以降低70%；幼儿正确使用正向座椅，在碰撞中死亡风险会降低54%—80%。因此，父母应当高度重视在家用汽车里配备和正确使用儿童安全座椅。此外，父母或者其他监护人应当教育未成年人遵守交通规则，让未成年人懂得过马路不能闯红灯、要走斑马线，不要在道路、车辆旁、停车场等地方玩耍，骑行非机动车佩戴安全头盔等基本的交通规则，提高未成年人的交通安全危险的识别能力，从小养成遵守交通规则的良好习惯。

17. 父母如何防止子女户外活动时发生意外伤害？（第十八条）

答：户外活动容易造成未成年人的意外伤害主要包括：一是溺水。溺水是造成未成年人夏季意外死亡的“最大杀手”，多发生在农村或者城市无人看管的江河、池塘等水域。虽然一些地方在溺水事件多发地都有“禁止游泳”等警示标志，但不少未成年人无视警示，依然下水游泳，导致溺亡悲剧的发生。因此，父母首先要提高自身的预防溺水的安全意识，不能认为溺水是“小概率事件”而忽视了对未成年人的安全教育，应当让未成年人掌握游泳和水上安全技巧，培养未成年人在安全的游泳场所游泳的习惯。二是动物伤害。我国不论农村还是城市里饲养动物的情况越来越普遍。大多数省市都出台了养犬方面的管理规定，比如，不得携犬进入公共场所；携犬出户时，应当束犬链，由成年人牵领，避让未成年人。但是，由于监管难度较大，一些不规范的养犬行为导致未成年人伤害的事件时有发生。因此，父母应当教育未成年人在户外碰到动物时，不要用手去触摸、追赶，尽量避让、远离，以避免受到伤害。

18. 父母要离婚，需要听取未成年人的意见吗？（第十九条）

答：父母应当听取未成年人的意见。未成年人保护法明确规定，父母应当根据未成年人的年龄和智力发展状况，在作出与未成年人权益有关的决定前，听取未成年人的意见，充分考虑其真实意愿。父母选择离婚，关系到未成年人成长的家庭生活环境的重大变化，而离婚后跟父亲或者母亲生活，对于未成年人今后的生活、学习等也会产生重大的影响。父母无论是在作出离婚决定时，还是在协商具体离婚事宜时，都应当根据未成年人的年龄、社会经验、认知能力和判断能力等，征求未成年人的意见，尊重未成年人的真实意愿。未成年人也有权利表达自己的真实想法，选择与爸爸或者妈妈共同生活。

19. 父母临时外出办事能否把七岁的孩子单独留在家里？（第二十一条）

答：不可以。近些年来，一些父母外出购物、临时到单位加班时会将八岁以下的孩子“反锁”在家里或者汽车里。这些父母有的是出于对未成年人照料的疏忽，有的是存在侥幸心理，高估了未成年人独处的能力。年龄较小的未成年人独处时，容易造成情绪上的烦躁不安，加之缺乏对危险的认知和自我保护的意识，就可能做出一些危险的举动。因此，父母或者其他监护人不能使两类未成年人处于无人看护的状态：一是未满八周岁的未成年人。以八周岁来划界主要是考虑到不满八周岁的未成年人身体、心理发育尚不成熟，生活方面不能完全自理，离不开父母或者其他监护人的看护。二是因心理、身体原因需要特殊照顾的未成年人。有的未成年人虽然年龄超过了八岁，但是由于心理或者身体方面有残疾，离开父母或者其他监护人的看护无法正常生活，也不能让他们处于无人看护的状态。因此，父母临时外出时，应当把以上子女交给符合条件的人短时间照料和看护。

20. 十五岁的未成年人能否在外面租房单独生活？（第二十一条）

答：不可以。根据民法典的规定，十六周岁以上的未成年人，以自己的劳动收入为主要生活来源的，视为完全民事行为能力人，所以，法律上是允许十六周岁以上的未成年人离开父母或者其他监护人独自生活。但是，未满十六周岁的未成年人，尚不具备成年人的辨识能力，其父母或者其他监护人应当全面履行监护职责，不能让其脱离监护单独生活。这里所说的脱离监护单独生活主要是指：一是不允许十六周岁以下的未成年子女离开父母或者其他监护人在外租房单独生活，或者去异地打工；二是父母或者其他监护人在外出务工等情况下，不能将十六周岁以下的未成年子女留在家里单独生活，应当将未成年子女委托给他人照护；三是不包括学生住校、参加夏令营等经父母或者其他监护人同意的行为。

21. 父母外出打工能否把子女委托给他人照护？（第二十二条）

答：父母外出打工时可以将子女委托给他人长期照护，但是，父母应当按照以下要求选择被委任人：一是被委托人应当是具有照护能力的完全民事行为能力人。完全民事行为能力人是指十八周岁以上、智力健全的成年人。父母应当委托具有照护能力的完全民事行为能力人照护自己的未成年子女。二是父母应当综合考虑被委托人各方面的情况。父母或者其他监护人在选择被委托人时，应当对被委托人的情况进行全面了解：被委托人为人是否正派，道德品质有无问题；被委托人的家庭条件能否满足未成年子女正常的生活、学习的需要；被委托人身心是否健康，是否患有严重的传染性疾病，身体状况能否承担照护未成年子女的职责；未成年子女是否熟悉或者了解被委托人，与被委托人的感情是否融洽，与被委托人一起生活是否适应等。三是听取有表达意愿能力未成年人的意见。父母委托他人长期照护子女，是涉及未成年子女利益的重大事项。所以，父母或者其他监护人应当充分考虑未成年子女的真实感受，听取有表述意愿能力的未成年子女的意见，不能擅自决定。

22. 父母无正当理由，能否把子女委托给他人照护？（第二十二条）

答：不可以。为了解决我国目前农村劳动力到城市务工造成的未成年人被留守在农村的社会问题，同时兼顾解决在城市的父母因工作、学习等原因需要离开未成年子女的现实问题，允许父母在有正当理由的情况下将子女委托给他人长期照护，以减少因父母与未成年子女长时间分离对其成长带来的不利影响。从有利于未成年子女健康成长来看，未成年子女应当由父母亲自抚养、教育和保护。因此，父母或者其他监护人只有在确实需要离开未成年子女一段时间的情况下，如外出务工、学习、就医等，才能把未成年子女委托给他人长期照护；无正当理由的，不得委托他人代为照护未成年人。

23. 父母能否委托有酗酒、赌博等恶习的人长期照护子女？（第二十二条）

答：不可以。父母不得委托以下三类人来长期照护自己的子女：一是曾实施性侵害、虐待、遗弃、拐卖、暴力伤害等违法犯罪行为。把子女委托给实施过性侵害、虐待、遗弃等违法犯罪行为的人照护，会大幅增加子女受到侵害的风险，也会为违法犯罪活动提供便利的条件。因此，为了保护未成年人的生命健康和人身安全，不能把子女交给有过以上违法犯罪行为的人照护。二是有吸毒、酗酒、赌博等恶习。有吸毒、酗酒、赌博等恶习的人很难在短时间内戒毒、戒酒和戒赌。即使一时戒了，也存在反复的可能。因此，把子女交给有以上恶习的人照护，子女耳濡目染容易养成不良的生活习惯，进而实施不良行为或者违法犯罪行为。三是曾拒不履行或者长期怠于履行监护、照护职责。如果一个人曾经对自己的子女不履行或者长期怠于监护职责，或者对曾经委托给他照护的未成年人不履行照护职责，表明该人缺少履行照护职责的责任心，主观上不愿意为未成年人的成长付出精力。子女委托给这类人照护，他们很可能重蹈覆辙，不履行相关的照护义务，不利于未成年人的健康成长。

24. 父母委托他人长期照护子女的，要把有关情况告诉学校吗？（第二十三条）

答：未成年人的父母外出打工，将子女委托给他人长期照护的，应当及时将有关情况书面告知未成年人所在学校、幼儿园和实际居住地的居民委员会、村民委员会。强调采用书面的形式告知，一方面是要求父母对委托他人长期照护自己子女的情况高度重视并慎重考虑，不能草率决定，一走了之，把子女丢给被委托人照护；另一方面是便于未成年人所在的学校、幼儿园以及居民委员会、村民委员会能够及时将留守未成年人的信息准确地记录在案。居民委员会、村民委员会和学校通过建立留守未成年人的信息档案，使民政、卫生健康等政府部门了解未留守成年人具体情况，确保关爱措施精准到位；学校应当针对本校留守未成年人的情况，开展有针对性的关爱和保护工作。

25. 父母去外地打工应当与子女多久联系一次？（第二十三条）

答：缺少亲情关爱是目前留守未成年人普遍存在的问题。许多留守未成年子女最大的心愿就是希望父母早些回家，能够陪伴自己成长。父母在未成年子女的成长过程中扮演着不可替代的角色，其监护责任不能因身在异地而有所变化。父母不在未成年子女身边更应当加强联系保持亲情，让远离父母的留守未成年子女感受到父母的关爱和温暖。目前手机等通信设备已成为生活必需品，父母通过打电话、发微信等方式与留守未成年子女联络十分便捷。一些学校、幼儿园也都设置了专门的场所和设施方便在校、在园住宿的未成年人与父母或者其他监护人通电话或者进行视频，因此，未成年人保护法要求父母与未成年人和被委托人至少每周联系和交流一次，了解未成年人的生活、学习、心理等情况，并给予未成年人亲情关爱。

26. 父母离婚后，不直接抚养子女的一方可以随时去探望子女吗？（第二十四条）

答：离婚后不直接抚养子女的父亲或者母亲应当按照协议、人民法院判决或者调解确定的时间和方式，在不影响未成年人学习、生活的情况下探望子女。比如，人民法院判决探望子女的时间是每月 5 日，如果当月 5 日该子女需要准备第二天的考试或者生病不宜外出，那么父母应当重新协商探望子女的时间，以不影响子女正常的学习、生活为前提条件作出调整。如果行使探望权不利于子女身心健康的，应当对探望权的行使给予必要的限制，人民法院可以依法中止探望权，暂时停止探望权的行使。不利于未成年子女身心健康的情形，实践中主要是指行使探望权的一方有以下行为：一是患有严重的传染病，会危及子女的健康的；二是在探望时对子女实施违法犯罪行为的；三是有吸毒、赌博等恶习或教唆子女违法犯罪的；四是借探望之机有抢夺、藏匿子女行为的；五是其他不宜行使探望权的情形。行使探望权的一方出现以上对子女不利的情形时，子女、直接抚养子女的一方以及其他监护人可以向人民法院提出中止探望权的申请，经人民法院裁定后中止。探望权中止的事由消失后，行使探望权的一方可以向人民法院申请恢复探望权的行使。实践中时常会出现直接抚养子女的一方无故拒绝对方行使探望权的情况，对此，行使探望权的一方可以向人民法院申请强制执行涉及探望权的判决或者裁定。人民法院可以对拒不履行协助探望权的一方采取拘留、罚款等强制措施，但不得对子女的人身、探望行为进行强制执行。

27. 父亲为了取得抚养权，把未成年子女藏匿起来不让母亲见面，这样做合法吗？（第二十四条）

答：不合法。近年来，抢夺、藏匿未成年子女的问题比较突出，发生在离婚诉讼前、诉讼中以及离婚后的情况都有。抢夺、藏匿未成年子女的原因各异：有的父母一方把未成年子女藏匿起来，造成子女是由自己直接抚养或者由自己的父母代为照护的事实，以此作为与子女共同生活时间较长的证据来争夺抚养权；有的父母一方把未成年子女藏匿起来是为了让对方撤销离婚诉讼或者达到同意离婚的目的；有的父母一方是因为经济条件相对较差，担心争取抚养权会对自己不利，于是将未成年子女抢走后藏匿。法律赋予了父母在离婚时争取抚养未成年子女的权利，但是行使该权利应当从保护未成年子女的利益出发，通过合法的手段来实现。以抢夺、藏匿未成年子女等方式抢夺抚养权，人为阻断未成年子女与父母一方的血肉亲情，会导致未成年子女在成长过程中缺乏父爱或者母爱，造成情感缺失的精神伤害。为了躲避父亲或者母亲的寻找，另一方会让未成年子女始终处于隐秘、动荡的生活环境中，严重影响未成年子女的健康成长。未成年子女不是父母任何一方的私有财富，父母不能为了满足自己的需求，强行绑架未成年子女的感情，将未成年子女作为达到自己目的的筹码。因此，未成年人保护法明确规定不得以抢夺、藏匿未成年子女等方式争夺抚养权。

28. 学校为了提升升学率，能否取消音乐、美术课等课程？（第二十五条）

答：不能。学校应当全面贯彻国家教育方针，实施素质教育，促进未成年学生全面发展，不能只注重升学率而忽视美育、体育和劳动等方面的教育。当前国家教育方针为：教育必须为社会主义现代化建设服务、为人民服务，必须与生产劳动和社会实践相结合，坚持立德树人，培养德、智、体、美、劳等全面发展的社会主义建设者和接班人。学校作为对未成年人实施基础教育的专门机构，在未成年人教育和保护方面承担着不可替代的重要职责，对未成年人的未来发展有着重要而深远的影响。学校必须全面贯彻国家教育方针，切实加强和改进体育，改变美育薄弱局面，深入开展劳动教育，加强心理健康教育和国防教育，保证在校未成年学生接受全面的素质教育，促进他们在德、智、体、美、劳等方面获得全面发展，不得片面强调升学率，忽视甚至取消音乐、美术等教育。

29. 学校实施素质教育，需要注重培养未成年学生的哪几种能力？（第二十五条）

答：学校应当注重培养未成年学生认知能力、合作能力、创新能力和实践能力。在国家教育方针的统领下，学校应当优化知识结构，丰富社会实践，强化能力培养，教育学生学会知识技能，学会动手动脑，学会生存生活，学会做人做事，促进学生主动适应社会，开创美好未来，这是促进未成年学生全面发展的重要方面。学校应当注重培养支撑终身发展、适应时代要求的关键能力，在培养学生基础知识和基本技能的过程中，强化学生关键能力培养。培养认知能力，引导学生具备独立思考、逻辑推理、信息加工、学会学习、语言表达和文字写作的素养，养成终身学习的意识和能力。培养合作能力，引导学生学会自我管理，学会与他人合作，学会过集体生活，学会处理好个人与社会的关系，遵守、履行道德准则和行为规范。培养创新能力，激发学生好奇心、想象力和创新思维，养成创新人格，鼓励学生勇于探索、大胆尝试、创新创造。培养实践能力，引导学生适应社会需求，践行知行合一，积极动手实践和解决实际问题，重视将教育教学活动与经济、科技等劳动生产和社会实践相结合，并在这一过程中更进一步提升学生的认知能力、合作能力和创新能力。

30. 幼儿园是否能对幼儿实施超前教育？（第二十六条）

答：不能。幼儿的身心发展是一个由低级到高级、由简单到复杂、由量变到质变的连续不断的发展过程，在不同的年龄阶段有不同的身心特点，幼儿教育要遵照幼儿不同发展阶段的身心特点，在教育内容、教育方法进行适当调整。幼儿身心发展总体来讲是按照一定的顺序进行的，教育中要遵循幼儿身心发展的顺序性，充分考虑到幼儿的认知能力发展，在一定的发展阶段施以相应内容的教育。幼儿教育还要照顾到幼儿个体身心发展的不平衡性和特殊性，做到因材施教、因时施教。幼儿教育工作必须遵循幼儿身心发展规律，坚持科学的保教方法，实施启蒙教育，不得违背幼儿身心发展规律实施提前进行小学教育等“揠苗助长”式的超前教育和强化训练。幼儿教育作为学校教育和终身教育的奠基阶段，为实现未成年人德、智、体、美、劳全面发展奠定基础，应当注重锻炼幼儿强健的体魄，激发探究欲望与学习兴趣，养成良好的品德与行为习惯，培养积极的交往与合作能力，以促进幼儿身心全面和谐发展。

31. 老师能否辱骂、羞辱学习差的未成年学生？（第二十七条）

答：不能。学校的教职员工应当尊重未成年人人格尊严，不得对学生进行辱骂、羞辱或者实施其他侮辱或者贬低人格尊严的行为。人格尊严是我国宪法赋予每个公民的一项基本权利，同时也是人身权的重要内容，受到法律严格保护，任何组织或者个人不得侵害。民法典对各种人格权的具体保护作了专编规定，学生人格尊严也一样不容他人侵犯。个别教职员工对学生常厉声训斥、辱骂，甚至粗暴侮辱、摧残，严重伤害学生的自尊心和人格尊严，影响其身心健康发展，是法律所不允许的。我国教师法和义务教育法对教师应当尊重学生人格尊严都作了要求。教职员工应当不断提升自身素质，严格要求自己，宽容、友善地对待学生，避免恶语中伤，践踏学生的人格，引发逆反情绪和对抗行为。

32. 老师能否罚犯错误的学生抄500遍生字？（第二十七条）

答：不能。学校的教职员工均不得对学生实施体罚、变相体罚。对学生坚持正面教育，是所有教育工作者必须遵循的一条重要的教育原则。对学生进行体罚或者变相体罚，违背了为人师表的精神，有损于教师的形象和教育本质，严重危害未成年学生和幼儿的身心健康，影响其未来发展，甚至导致未成年人自残或者自杀的严重后果，为法律严格禁止。学校教职员工在教育、管理工作中，必须增强法律意识，严格遵守法律底线，既要严格管理，又要耐心教育，要晓之以理，动之以情，在师生之间建立一种互相尊重、平等、亲密的关系。对于有某些缺点错误的学生，要特别耐心细致，循循善诱，从多方面关心他们，引导和帮助他们认识错误并加以改正，不能用打骂或体罚的方法解决问题，也不得实施变相体罚，如让其承担不合理的作业，对其进行精神恐吓等。对学生进行体罚和变相体罚的教职员工，依法应当承担相应的法律责任。

33. 学生违反学校管理制度，学校能否将其开除学籍？（第二十八条）

答：学校应当保障未成年学生受教育的权利，不得违反国家规定开除未成年学生。学生正处于接受义务教育阶段的，根据义务教育法的规定，学校不能开除其学籍。未成年学生特别是正在接受义务教育的学生，心智发展不成熟，辨别能力和自控能力差，不可避免地会犯这样或那样的错误，甚至违反学校管理制度。学校是教书育人的专门机构，对未成年学生有不可推卸、不可替代的教育责任，如果因为学生违反了学校管理制度就开除学籍，不给其改正错误的机会，无疑是将教育责任推给社会，也使得学生失去了受教育的机会，这有违教育的本质和学校办学宗旨。对这些孩子应当以批评教育感化为主，尽量避免对其进行严厉的纪律处分，特别要谨慎使用开除学籍的处分。即使是对个别问题严重的学生适用这一处分，也要严格执行法律、法规和国家有关规定，严格掌握标准，严格履行审批手续。

34. 学校能否拒绝调皮捣蛋的学生到校上课？（第二十八条）

答： 不能。学校不得违反国家规定开除学生学籍，也不能变相开除。实践中，有的学校勒令犯错误的义务教育阶段学生强制退学，或者劝说学习差的学生自行退学，或者以不让其参加考试、停止其在校接受教育等方式迫使学生退学，这些都属于变相开除义务教育阶段未成年学生行为，是法律所禁止的。如果学生只是调皮捣蛋，学校可以对其进行批评教育，或者采取其他适当措施让其对自己的行为承担相应责任，引导其认识并改正错误。接受义务教育是每个未成年学生的基本权利，即使是一些可能会对学校秩序产生恶劣影响的有严重不良行为的义务教育阶段学生，也不能开除学籍或者变相开除学籍，可以依照预防未成年人犯罪法的规定将其送专门学校继续接受义务教育，由专门学校对其进行道德教育、文化教育、法治教育、心理健康教育、劳动教育和职业技术教育。根据各地高中学籍管理和校园安全管理的有关规定，高中阶段的学生，如其违反法律、法规和国家有关规定，或者严重违反学校管理制度，可能会被处以开除学籍的处分。

35. 学生辍学的，学校是否应当予以适当干预？（第二十八条）

答： 学校对于尚在接受义务教育的辍学学生应当进行登记并劝返复学；劝返无效的，应当及时向教育行政部门书面报告。学校在保障未成年学生受教育权方面负有重要职责。开展控辍保学工作，保证接受义务教育阶段的未成年学生到校接受良好的教育，是学校一项重要工作。学校可从以下几方面开展控辍保学工作：（1）对学籍在本校的学生是否到校上课进行动态跟踪管理；（2）发现学生有辍学倾向的，及时安排家访，积极做好说服教育工作，动员学生返校学习；（3）严格学籍管理，严格转学、休学、退学手续；（4）发现未完成义务教育的学生辍学的，应当对学生相关信息予以登记，并做好劝返复学工作；（5）经多次劝返无效的，应当及时向教育行政部门书面报告。同时，学校应当关心爱护每一名学生，对学习困难厌学辍学学生，要建立帮扶制度，有针对性地制定教学计划，通过插班、单独编班、普职融合等多种方式做好教育安置工作；对因家庭经济困难或交通不便而辍学的学生，要及时向有关政府部门反映有关情况，帮助其落实社会救助、免费义务教育、教育资助等帮扶关爱政策，使学生能安心、安全到校学习。

36. 老师为赶教学进度，能否不考虑学习能力较差的未成年学生的接受能力？（第二十九条）

答：学校老师在安排教学进度时，应当考虑学习能力较差的未成年学生的接受能力，不得忽视和歧视这部分学生。根据宪法、教育法、义务教育法和未成年人保护法的规定，未成年人依法享有平等的受教育机会，学校作为实施教育的主体，应当依法为未成年学生提供平等的受教育机会。学校及其教职员工在进行日常行政管理和开展教育教学活动时，应当将所有的学生纳入视角，关心关爱全体学生，同时要为有残疾等特殊情况的学生提供必要的帮助，做到因材施教，使其真正获得平等的教育机会，从而保障其受教育的权利。学校和教师不得因家庭、身体、心理、学习能力等情况偏爱一部分学生、歧视另一部分学生；也不能为了追求业绩考核成绩，在教学进度上不考虑差等生的接受能力，忽视教学效果；对学习有困难的学生，要按照因材施教的原则，针对其学习能力、学习方法、家庭情况和思想心理状况，切实加大帮扶力度，使他们增强学习兴趣，改进学习方法，养成良好学习习惯，不断提升学习能力和学习水平，切实增强其学习的自信心、有效性和获得感。

37. 学校如何关爱帮扶留守未成年学生和困境未成年学生?（第二十九条）

答：学校作为教育主体，在留守未成年学生和困境未成年学生关爱方面负有重要职责，在教育教学过程中应当关注留守未成年学生和困境未成年学生在校学习期间各方面需求，给予他们更多关爱帮扶。一是配合政府有关部门建立留守未成年学生、困境未成年学生的信息档案。学校在新学期学生报到时，要认真做好留守未成年学生、困境未成年学生入学管理工作，全面了解其学籍变动情况，保障其按时入学。要建立留守未成年学生和困境未成年学生信息档案，将父母外出务工情况，监护人变化情况或者因家庭经济贫困、自身残疾、缺乏有效监护等原因，面临生存、发展和安全困境的情况，逐一进行登记并及时更新，准确掌握留守未成年学生和困境未成年学生信息，为有针对性地开展关爱帮扶工作提供支持。二是对学籍在本校的留守未成年学生、困境未成年学生按照有关规定予以关爱帮扶。学校要重点关注在籍留守未成年学生、困境未成年学生受教育情况，对其中学习困难的学生要进行适当帮扶，帮助他们启发学习兴趣、树立学习信心。加强与家长的沟通交流，了解其生活情况和思想动态，做好控辍保学工作。帮助留守未成年学生、困境未成年学生落实免费义务教育和各项教育资助政策。加强留守未成年学生、困境未成年学生心理健康教育，引导其积极参与体育、艺术、社会实践等活动，促进其心理、人格积极健康发展，及早发现并纠正心理问题和不良行为。加强校园安全管理，做好法治宣传和安全教育，帮助留守未成年学生、困境未成年学生增强防范不法侵害的意识、掌握预防意外伤害的安全常识。在工作中发现留守未成年学生、困境未成年学生脱离监护单独居住生活或失踪、监护人丧失监护能力或不履行监护责任、疑似遭受家庭暴力、疑似遭受意外伤害或不法侵害等情况的，应当在第一时间向公安机关报告。

38. 学校应当对未成年学生进行生命教育吗?（第三十条）

答：学校应当根据未成年学生身心发展特点，进行生命教育，培养其健全的人格、积极的心态和良好的个性心理品质，帮助其树立正确的生命观、生活观、生存观。生命教育事关未成年人的身心健康，包括对生命本身的关注、对生存能力的培养和生命价值的提升。通过开展生命教育、生活教育和生存教育，让未成年学生认识生命、尊重生命、珍爱生命，关心自己和家人；珍视生活，了解生活常识，掌握生活技能，养成良好生活习惯，关心他人和集体，树立正确的生活目标；学习生存知识，保护珍惜生态环境，关心社会和自然，强化生存意志，提高生存的适应能力和创造能力。中宣部、教育部等四部门2007年颁布《中小学法制教育指导纲要》，强调法制专题教育要与生命教育紧密结合。2010年的《国家中长期教育改革和发展规划纲要(2010—2020年)》进一步要求重视生命教育。教育部先后印发《中小学公共安全教育指导纲要》《中小学心理健康教育指导纲要》《中小学德育工作指南》《基础教育课程改革纲要（试行)》等一系列文件，明确将生命教育纳入中小学德育工作的重要内容，结合学生的年龄特点，在中小学相关课程中对学生循序渐进开展生命教育。

39. 学校能否因教学任务繁重而不开展劳动教育？（第三十一条）

答：学校不能因教学任务繁重不开展劳动教育。劳动教育是中国特色社会主义教育制度的重要内容，直接决定社会主义建设者和接班人的劳动精神面貌、劳动价值取向和劳动技能水平。劳动教育是实施素质教育的重要内容，是构建德、智、体、美、劳全面培养的教育体系的重要环节。学校应当全面贯彻国家教育方针，深入贯彻习近平总书记在全国教育大会上的讲话精神，把劳动教育贯通大中小学各学段，贯穿家庭、学校、社会各方面，与德育、智育、体育、美育相融合，紧密结合经济社会发展变化和学生生活实际。通过劳动教育，牢固树立劳动最光荣、劳动最崇高、劳动最伟大、劳动最美丽的观念；体会劳动创造美好生活，体认劳动不分贵贱，热爱劳动，尊重普通劳动者，培养勤俭、奋斗、创新、奉献的劳动精神。学校应当遵循教育规律，根据未成年学生年龄特点和身体发育情况，科学设计课内外劳动项目，采取灵活多样的形式，组织未成年学生参加日常生活劳动、生产劳动和服务性劳动，帮助未成年学生掌握必要的劳动知识和技能，养成良好的劳动习惯。

40. 学校学生食堂的垃圾桶内经常发现很多食物，学校应当怎么办？（第三十二条）

答：学校学生食堂的垃圾桶内经常发现很多食物，学校应当将勤俭节约、反对浪费、珍惜粮食、文明饮食作为弘扬中华优秀传统文化、践行社会主义核心价值观教育的重要内容，结合绿色校园建设，因校制宜对学生开展多种形式的宣传教育活动，引导学生养成勤俭节约、珍惜粮食的传统美德，帮助学生树立浪费可耻、节约为荣的意识，养成文明健康、绿色环保的生活习惯。要结合节能宣传周、世界粮食日、全国爱粮节粮宣传等活动，组织开展主题鲜明的宣传活动。要通过主题班会开展勤俭节约、反对浪费、珍惜粮食、文明饮食的专题教育活动，结合不同学科特点，有针对性、有重点地纳入课堂教学，有机渗透，全员育人。要加强先进典型的正面宣传，发挥榜样示范作用，对浪费行为开展反面警示教育，加大对浪费行为的纠正力度，引导学生树立浪费可耻、节约为荣的意识。要组织学生走出课堂，走向田间地头或者青少年社会实践基地等场所，广泛开展社会实践、劳动体验，让学生切身感受粮食的来之不易，真正形成尊重劳动和珍惜粮食、文明饮食的思想意识。要结合实际制定节约用餐规范，引导学生参与学校餐饮节约，推动光盘常态化。要落实集中用餐陪餐制度，在食物收残环节对浪费行为进行直接监督和提醒。

41. 学校能挤占体育课时间补习语文、数学、外语等课程内容吗？（第三十三条）

答：学校不得随意挤占学生的体育锻炼时间。为了保障未成年人身心健康成长，真正实现德、智、体、美、劳全面发展，学校应当科学合理安排课程计划和家庭作业，同时与家长紧密配合，保障未成年学生充分的休息时间，特别是让其能获得充足的睡眠时间；保障未成年学生的适当的娱乐时间，让其有时间自由选择自己感兴趣的文化、艺术、游戏等娱乐休闲活动；保障未成年学生的适当体育锻炼时间，让其通过体育锻炼或者参加体育活动强身健体、锻炼意志品质、结交良师益友、培养合作精神。近年来，学生学业负担重，一直是党和国家关心、社会关注、群众关切的问题。2009 年，教育部《关于当前加强中小学管理规范办学行为的指导意见》要求学校按照不同学段和年级的实际需要，对学生休息时间、在校学习（包括自习）时间、体育锻炼时间、在校活动内容和家庭作业等方面作出科学合理安排和严格规定，坚决纠正各种随意侵占学生休息时间的做法，正确引导家长积极参与，切实把课内外过重的课业负担减下来，依法保障学生的休息权利。2017 年的《关于深化教育体制机制改革的意见》，对中小学生“减负”工作进行了系统部署，要求学校切实减轻学生过重的课外负担，加强家庭教育指导服务，帮助家长树立正确的教育观念，合理安排孩子的学习、锻炼和休息时间。随后，有关部门又先后出台《中小学生减负措施》《综合防控儿童青少年近视实施方案》等一系列文件，进一步细化对保障未成年学生的休息、娱乐、体育锻炼时间的要求。

42. 学校能否占用双休日安排学生集体补课？（第三十三条）

答：近年来，学生学业负担重，一直是党和国家关心、社会关注、群众关切的问题。学校应当与未成年学生的父母或者其他监护人互相配合，合理安排未成年学生的学习时间，保障其休息、娱乐和体育锻炼的时间，不得占用国家法定节假日、休息日及寒暑假期，组织义务教育阶段的未成年学生集体补课，加重其学习负担。2006 年《教育部关于贯彻〈义务教育法〉进一步规范义务教育办学行为的若干意见》明确要求，学校和教师不得占用节假日和休息时间组织学生上课和集体补课；2009 年《教育部关于当前加强中小学管理规范办学行为的指导意见》明确要求学校坚决纠正各种随意侵占学生休息时间的做法，切实把课内外过重的课业负担减下来，依法保障学生的休息权利。各地在此基础上纷纷出台减负措施，不少地方都明确禁止学校以各种名义占用国家法定节假日、休息日及寒暑假期，组织义务教育阶段的未成年学生集体补课。学校挤占国家法定节假日、休息日及寒暑假期进行集体补课，就是变相挤占未成年人的休息、娱乐、体育锻炼时间，同时也减少了学生进行自主研学和社会实践时间，长此以往会影响未成年人身心健康成长，为法律所不允许。

43. 校外培训机构能对学前班孩子开展小学课程内容培训吗?
（第三十三条）

答：校外培训机构不能对学前班孩子开展小学课程内容培训。近年来，由于应试教育和社会上一些不良宣传的影响，出现了学前教育“小学化”的现象，有些学前教育机构以举办兴趣班、特长班和实验班为名对幼儿进行各种提前学习和强化训练活动，或者布置不合理的家庭作业。这违背了幼儿身心发展规律，剥夺了其快乐成长时间，影响其正常生长发育，损害了幼儿的身心健康。学前教育应当遵循科学规律，重点关注孩子健康、语言、社会、科学、艺术等领域的发展，培养孩子良好的行为习惯，而不是过早地对他们进行文化知识教育。2010 年《国务院关于当前发展学前教育的若干意见》和 2011 年《教育部关于规范幼儿园保育教育工作　防止和纠正“小学化”现象的通知》都明确要求规范办园行为，防止和纠正“小学化”现象，2016 年修订的《幼儿园工作规程》更进一步明确规定，幼儿园不得提前教授小学教育内容，不得开展任何违背幼儿身心发展规律的活动。为了进一步保障未成年人身心健康，还给孩子快乐的童年，本法禁止幼儿园实施“小学化”教育，同时为了防止某些家长避开幼儿园通过校外培训机构寻求对学龄前未成年人进行超前教育，也禁止校外培训机构对幼儿进行小学课程教育。

44. 学校应当配备安保人员以保障学生安全吗？（第三十五条）

答：加强中小学安全管理工作是全面贯彻党的教育方针，保障学生健康成长、全面发展的前提和基础。学校应当遵守有关安全管理工作的法律、法规和规章，建立健全校内各项安全管理制度，从各个方面保障未成年人的安全。根据国家有关规定，学校应当建立门卫制度，完善安保设施，并配备必要的安保人员，保障未成年人在校期间的人身和财产安全。2017 年，国务院办公厅颁布《关于加强中小学幼儿园安全风险防控体系建设的意见》要求学校应当按照相关规定，根据实际和需要，配备必要的安全保卫力量；除学生人数较少的学校外，每所学校应当至少有 1 名专职安全保卫人员或者受过专门培训的安全管理人员。要求完善学校安全技术防范系统，在校园主要区域要安装视频图像采集装置，有条件的要安装周界报警装置和一键报警系统，做到公共区域无死角。要求学生在校期间，对校园实行封闭化管理，并根据条件在校门口设置硬质防冲撞设施，阻止人员、车辆等非法进入校园；学校要与社区、家长合作，有条件的建立安全保卫志愿者队伍，在上下学时段维护校园门口秩序；寄宿制学校要根据需要配备宿舍管理人员。

45. 学校能否将老旧危房作为教室使用？（第三十五条）

答：学校不能将老旧危房作为教室使用。学校的校舍或其他教育设施不安全，将会危及在校未成年人的人身安全和身心健康。学校应当保障未成年人在校期间的人身和财产安全，不得在危及未成年人人身安全、身心健康的校舍和其他设施、场所中进行教育教学活动。学校有义务及时检修或者更换教育教学设施，保证其达到安全使用的要求。学校应当建立健全有关制度，定期对校舍进行检验，发现问题，及时报告当地政府或上级主管部门，抓紧进行修缮或改建。未修复的危房必须停止使用，由当地政府或主管部门负责解决临时用房用地。对新建或改建的校舍，建设规划、选址要严格执行国家相关标准规范，要对地质灾害、自然灾害、环境污染等因素进行全面评估，要进行严格的质量检查验收，保证学校的校舍、场地、教学及生活设施等符合安全质量和标准，要推动建立校园工程质量终身责任制，确保不因质量问题发生人身伤亡事故。国家有关法律对学校有保证校舍和教育教学设施安全的义务作出了明确的规定，明知校舍或者教育教学设施有危险，而不采取措施，造成人员伤亡或者重大财产损失的，对直接负责的主管人员和其他直接责任人员，依法追究刑事责任。

46. 学校安排未成年学生参加集体活动是否需要考虑保护未成年人的身心健康？（第三十五条）

答：学校安排未成年学生参加集体活动，必须保护未成年人的身心健康。近年来，学校的教育教学活动内容和形式越来越丰富，有些教学活动并不仅仅限定在校内。学校具有保障学生在校期间或参加学校集体活动期间的人身和财产安全的义务；安排未成年人参加文化娱乐、社会实践等集体活动，应当从内容及形式上防止对学生产生不良影响，保护学生的身心健康，要防止在活动中发生任何人身伤害事故；对于可能会危害学生身心健康的集体活动，不得安排。根据《中小学幼儿园安全管理办法》的规定，学校组织学生参加的集体劳动、教学实习或者社会实践活动，应当符合学生的心理、生理特点和身体健康状况，必须采取有效措施，为学生活动提供安全保障；不得组织学生参加抢险等应当由专业人员或者成人从事的活动，不得组织学生参与制作烟花爆竹、有毒化学品等具有危险性的活动，不得组织学生参加商业性活动；组织学生参加大型集体活动，应成立临时的安全管理组织机构，有针对性地对学生进行安全教育，安排必要的管理人员，明确所负担的安全职责，制定安全应急预案，配备相应设施；并事先与公安机关交通管理部门共同研究并落实安全措施。

47. 学校、幼儿园提供的校车没有安排安全管理人员，这样做合法吗？（第三十六条）

答：不合法。未成年人保护法明确规定，使用校车的学校、幼儿园应当建立健全校车安全管理制度，配备安全管理人员，定期对校车进行安全检查，对校车驾驶人进行安全教育，并向未成年人讲解校车安全乘坐知识，培养未成年人校车安全事故应急处理技能。配备安全管理人员对于保障校车安全具有重要的作用。实践中，有的学校、幼儿园以人员紧张、经费不足为由，不按要求配备安全管理人员，或者为了应付上级检查，临时指派安全管理人员，这些做法都不符合法律的规定。此外，学校、幼儿园配备的安全管理人员，无论是全职的还是兼职的，都应当具备一定的校车安全知识、安全管理经验和较强的责任心，具体负责校车安全管理工作，加强对校车使用的安全监督管理。

48. 学校组织春游，未成年学生崴伤了脚踝，学校应该承担责任吗？（第三十七条）

答：学校应当承担一定的责任。未成年人保护法明确规定，未成年人在校内、园内或者本校、本园组织的校外、园外活动中发生人身伤害事故的，学校、幼儿园应当立即救护，妥善处理，及时通知未成年人的父母或者其他监护人，并向有关部门报告。因此，学校、幼儿园有责任保障未成年人在校外、园外活动中的人身安全。学校、幼儿园在组织校外活动前，应当制定应对意外伤害的预案，对未成年人进行安全教育。在校外、园外活动中，如果未成年人发生崴伤脚踝、意外坠落等人身伤害事故，学校、幼儿园应当立即组织采取救护措施，救助受伤害的未成年人，并将相关情况及时通知未成年人的父母。发生人身伤害事故后，学校、幼儿园应当及时将事故发生原因、师生伤亡等具体情况及时向教育部门报告，并配合做好事故调查工作。学校、幼儿园对事故负有责任的，应当根据责任大小，适当予以经济赔偿。学校、幼儿园对事故无责任的，如果有条件，可以根据实际情况，本着自愿和可能的原则，对受伤害未成年人给予适当的帮助。

49. 学校以教学需要为由，向学生指定产品，家长有权拒绝吗？（第三十八条）

答：家长有权拒绝购买。未成年人保护法明确规定，学校、幼儿园不得安排未成年人参加商业性活动，不得向未成年人及其父母或者其他监护人推销或者要求其购买指定的商品和服务。现实中，一些学校、幼儿园会以教学需要等各种理由，向未成年人和父母推销或者要求购买指定的保险产品、教辅资料、学习用品，或者要求参加指定的培训班、接受心理咨询服务等，这些行为违反了未成年人保护法的规定，未成年人和父母有权拒绝购买，并向教育主管部门报告。此外，为了规范学校、幼儿园的商业行为，未成年人保护法还规定，学校、幼儿园不得与校外培训机构合作为未成年人提供有偿课程辅导。当然，这并不意味着禁止学校、幼儿园与校外培训机构进行一切形式的合作，只是禁止合作提供“有偿”的课程辅导。

50. 学生欺凌行为一定是要造成受欺凌学生身体伤害吗？（第三十九条）

答：不是。学生欺凌，是指发生在学生之间，一方蓄意或者恶意通过肢体、语言及网络等手段实施欺压、侮辱，造成另一方人身伤害、财产损失或者精神损害的行为。学生欺凌大多数会造成未成年人身体的伤害，但是通过语言及网络方式造成受害学生精神损害的行为也属于学生欺凌行为。比如，对未成年学生进行辱骂或者公然贬损其人格，破坏其名誉的侮辱行为；散布捏造或者夸大的事实故意损害未成年人名誉的诽谤行为；向未成年学生发送使其感到心理畏惧、恐慌的信息，以达到控制、胁迫或者勒索未成年人等目的的威胁行为；对未成年人的照片、视频等进行恶意编辑并传播的行为等都属于学生欺凌行为。

51. 学校发现学生欺凌行为后，是否要通知家长来学校？（第三十九条）

答：教职员工一旦发现学生欺凌行为，应当立即制止，并及时通知实施欺凌和被欺凌未成年学生父母来学校参与欺凌行为的认定和处理。请相关学生的父母到学校，不是表明要根据他们的意见来认定和处理欺凌事件。其目的主要有以下三方面：一是让父母了解欺凌事件发生的起因、被欺凌学生受到伤害等真实情况，防止父母道听途说被加工后的不实信息，激化矛盾。二是要让父母了解学校处理学生欺凌事件的依据和程序，对被欺凌学生采取的保护措施，对实施欺凌学生处罚的依据等。三是将处理学生欺凌事件的信息及时向双方的父母公开后，使学校及相关部门能在他们的监督下，本着公平、公正的原则依法对欺凌行为进行认定和处理。

52. 学校对实施欺凌的学生应当如何处理？（第三十九条）

答： 对于情节轻微的欺凌事件，学校应当对实施欺凌的学生进行批评教育。实施欺凌的学生应当向被欺凌学生道歉，取得谅解。对于情节轻微但反复发生的欺凌事件，学校可视具体情节和危害程度给予纪律处分。对于情节比较恶劣、对被欺凌学生身心造成伤害的欺凌行为，学校可视具体情节和危害程度给予实施欺凌的学生纪律处分，并将其表现记入学生综合素质评价。未成年学生实施欺凌行为屡教不改或者情节恶劣，尚不构成违反治安管理或者犯罪的，可以依法将其送入专门学校接受行为矫治。

53. 被欺凌学生的心理出现问题应该怎么办？（第三十九条）

答： 学生欺凌发生后，被欺凌的未成年学生心理会受到严重的创伤，容易出现愤怒、恐惧、紧张、羞耻等心理，还可能会引发其他方面的心理反应，所以学校应当及时安排被欺凌者接受心理辅导，引导他们走出心理阴影，尽早恢复正常的学习和生活。学校在开展相关工作时应当严格保护被欺凌学生的隐私，尊重其人格尊严，防止他们受到二次伤害。大多数实施欺凌的学生存在人格不健全，有暴力倾向等问题，所以对他们进行教育、处罚的同时也需要进行心理和行为矫治。此外，不能忽视发生欺凌事件时旁观学生的心理健康问题。一些严重的欺凌行为会给旁观的学生心理造成不同程度的伤害，所以，学校应当认真排查旁观学生们可能存在的问题，重视对他们的心理疏导，及时提供相应的心理辅导。

54. 严重的欺凌行为要承担什么法律责任？（第三十九条）

答：严重的欺凌行为主要是指欺凌行为违反治安管理或者涉嫌犯罪的行为。对于严重的欺凌行为学校不得隐瞒，应当及时向公安机关、教育行政部门报告。学校和教育行政部门应当共同配合公安机关对实施严重欺凌行为的处理。欺凌行为构成违反治安管理行为的，依法给予治安管理处罚；构成犯罪的，依法追究刑事责任。

55. 学校、幼儿园对发生的性侵害、性骚扰应当如何处理？（第四十条）

答：学校、幼儿园应当建立预防性侵害、性骚扰未成年人的工作制度，建立性侵害、性骚扰处置预案，明确相关岗位的职责，定期开展性侵害、性骚扰问题的排查，加强对学生宿舍特别是女生宿舍的管理，对于未成年人出现学习成绩突然下滑、精神恍惚、无故旷课等异常情况的，要及时了解情况，排查是否存在被性侵害、性骚扰等问题。学校、幼儿园要通过开展家访、召开家长会等方式，提醒未成年人的父母或者其他监护人切实履行监护责任，特别是做好未成年人离校、离园后的监护工作，加强对留守未成年人、困境未成年人等重点人群的保护。学校、幼儿园要将师德教育、法治教育纳入教职员工培训内容及考核范围，采取多种方式对教职员工进行禁止性侵害、性骚扰未成年人方面的教育，使教职员工充分认识到性侵害、性骚扰等行为应当承担的法律责任，自觉遵守职业操守，防微杜渐以守住行为的底线。学校要进一步完善教职员工的准入制度，应当查询应聘者是否具有性侵害等违法犯罪记录，发现有以上记录的不得录用。每年定期对教职员工是否具有违法犯罪记录进行查询。通过查询或者其他方式发现其工作人员有上述行为的，应当及时解聘，坚决杜绝和清理不合格的人员进入学校、幼儿园工作。对于教职员工发生性侵害、性骚扰等侵害未成年人的违法犯罪行为，要建立零容忍制度，不得包庇和隐瞒。对于教职员工实施性骚扰行为，尚不构成违反治安管理处罚的，学校要依照校规校纪给予相应的处分，情节严重的，要报教育行政部门给予处分，及时解聘实施性骚扰的员工；一旦发现教职员工实施性侵害行为的，学校应当及时向公安机关、教育行政部门报告，并配合公安机关、教育行政部门依法处理，及时解聘实施性侵害的员工。

56. 学校、幼儿园有必要开展性教育吗？（第四十条）

答：十分必要。学校、幼儿园应当加强性教育，通过课堂教学、讲座、班会、主题活动、网络信息、宣传栏等多种形式，将提高未成年人性的安全意识和自我防护能力作为素质教育的重要内容，增强未成年人的性别平等、性别意识等理念，提高未成年人处理涉及性的有关问题的能力，帮助未成年人学习如何应对性侵害、性骚扰。学校、幼儿园要根据不同成长阶段未成年人年龄特点，开展有针对性的教育，要让幼儿园阶段的未成年人了解自己的身体，懂得男女的生理区别，知道不能让外人触碰身体的敏感部位等；要让小学阶段的未成年人了解应对性侵害、性骚扰的一般方法，提高自我保护能力；要让初中阶段的未成年人学习应对性侵害、性骚扰等突发事件的基本技能；要让高中阶段的未成年人学习健康的异性交往方式，学会用恰当的方法保护自己，当遭受性侵害、性骚扰时，要用法律武器保护自己。学校还应当通过案例加强警示教育、强化规则意识、明确法律底线、引导未成年学生确立正确的性观念，不得对他人实施性侵害、性骚扰等行为。

57. 家庭遇到困难，可以向村（居）委会求助吗？（第四十三条）

答：未成年人和父母可以向村（居）委会求助。未成年人保护法对村（居）委会在未成年人保护工作方面的职责作了规定，主要有：设置专人专岗负责未成年人保护工作；协助政府有关部门宣传未成年人保护方面的法律法规；指导、帮助和监督未成年人的父母或者其他监护人依法履行监护职责；建立留守未成年人、困境未成年人的信息档案并给予关爱帮扶；协助政府有关部门监督未成年人委托照护情况，发现被委托人缺乏照护能力、怠于履行照护职责等情况，应当及时向政府有关部门报告，并告知未成年人的父母或者其他监护人，帮助、督促被委托人履行照护职责。这就是说，村（居）委会不仅要对家庭经济困难，符合社会救助、社会福利政策的未成年人及家庭，告知具体内容及申请程序，并协助申请救助，还要定期随访监护情况较差、失学辍学、无户籍以及患病、残疾等留守、困境未成年人，协助提供监护指导、精神关怀、返校复学、落实户籍等关爱服务，积极协助乡镇人民政府（街道办事处）、民政部门、妇儿工委办公室和教育、卫生计生、人力资源社会保障等部门及公安机关、残联组织开展未成年人保护工作。对于未成年人的父母不依法履行监护职责或者侵犯未成年人合法权益的，村（居）委会应当予以劝诫、制止，情节严重的，应当及时向公安机关报告。

58. 未成年人去参观博物馆、纪念馆、科技馆、展览馆、美术馆，或者去动物园、植物园、公园等场所，有什么优惠待遇吗？（第四十四条）

答：未成年人可以享受特定的优惠待遇。未成年人保护法明确规定，爱国主义教育基地、图书馆、青少年宫、儿童活动中心、儿童之家应当对未成年人免费开放；博物馆、纪念馆、科技馆、展览馆、美术馆、文化馆、社区公益性互联网上网服务场所以及影剧院、体育场馆、动物园、植物园、公园等场所，应当按照有关规定对未成年人免费或者优惠开放。此外，为了给未成年人提供更多的福利待遇，未成年人保护法还规定，国家鼓励爱国主义教育基地、博物馆、科技馆、美术馆等公共场馆开设未成年人专场，为未成年人提供有针对性的服务；鼓励国家机关、企业事业单位、部队等开发自身教育资源，设立未成年人开放日，为未成年人主题教育、社会实践、职业体验等提供支持；鼓励科研机构和科技类社会组织对未成年人开展科学普及活动。实践中，一些国家机关、企事业单位、部队积极开发自身的教育资源，组织开展未成年人开放日活动，取得了良好的社会效果。例如，检察院通过组织“检察开放日”，加深了未成年人对检察工作的了解，培养了未成年人尊法、守法的意识；部队通过军营开放日、军事夏令营等活动，提升了对未成年人国防教育的效果，增强了未成年人的国家荣誉感、自豪感。

59. 未成年人乘坐公共交通工具时能享受优惠吗？（第四十五条）

答：未成年人外出乘坐交通工具可以享受免费或者优惠票价，但不同的地方、不同交通工具的免费或者优惠标准有所不同，通常包括以下几种情况。（1）乘坐长途客运和农村客运汽车：六周岁（含六周岁）以下或者身高 1.2 米（含 1.2 米）以下、且不单独占用座位的未成年人可以免费乘车；六至十四周岁或者身高为 1.2～1.5 米的未成年人可以购买半价车票乘车，并提供座位。（2）乘坐火车：身高不足 1.2 米的未成年人可以免费乘车；身高 1.2～1.5 米的未成年人，享受半价客票、加快票和空调票，即儿童票；超过 1.5 米时应买全价票。（3）乘坐飞机：年龄不满两周岁的未成年人按适用成人票价的 10% 购买婴儿票，不提供座位；年龄满两周岁但不满十二周岁的未成年人按适用成人票价的 50% 购买儿童票，提供座位。（4）乘坐轮船：年龄不超过六周岁或者身高不超过 1.2 米，且不占用座（铺）位的未成年人免费；年龄超过六周岁但不超过十四周岁或者身高超过 1.2 米但不超过 1.5 米的未成年人，可以购买半价客票。（5）乘坐公交或者地铁：未成年人乘坐公交、地铁的优惠政策要按照所在城市的规定，比如，上海市身高 1.3 米以下的未成年人可以免费乘坐公交车；成都市身高 1.3 米以下的未成年人可以免费乘坐地铁。

60. 商场、旅游景点是否应该设置母婴设施？（第四十六条）

答：设置母婴室、婴儿护理台等母婴设施和方便幼儿使用的卫生设施可以更好地满足携带婴幼儿出行的需求。国家鼓励机场、车站、码头、商场等大型公共场所，飞机、火车等公共交通工具以及旅游景区景点设置母婴设施和方便幼儿使用的卫生设施。根据国家有关规定，经常有母婴逗留且建筑面积超过 1 万平方米或日客流量超过 1 万人的商场、旅游景点，应当建立使用面积一般不少于 10 平方米的独立母婴室，内部应当有防滑地面、带安全扣的婴儿尿布台、提供热水和洗手液的洗手台、婴儿床、便于哺乳休息的座椅、便于放置哺乳有关用品的桌子、保护哺乳私密性的遮挡设备等。目前，不同地区和场所的母婴设施和方便幼儿使用的卫生设施建设在水平上还存在一定差异，暂不具备设置有关母婴设施的商场、旅游景区景点，应当采取一定的措施，积极创造条件，配置更加完善的母婴设施。

61. 国家是否鼓励创作对未成年人成长有益的舞台艺术作品?（第四十八条）

答： 近年来，戏曲、话剧、歌剧、舞剧、交响乐、杂技、曲艺等舞台表演艺术创作逐渐拓展至以未成年人为观演人群，有的主要由未成年人创作和出演。有益的精神文化可以鼓励未成年人积极向上，陶冶情操，培养未成年人良好的品行，国家通过多种方式鼓励创作、出版、制作和传播有利于未成年人健康成长的舞台艺术作品。

对未成年人成长有益的舞台艺术作品应当满足未成年人特定的精神文化需求。一方面，要求内容积极进步、健康向上，符合未成年人的需要，适合未成年人阅读观赏，帮助未成年人开阔眼界、提高素质、陶冶情操、愉悦身心；另一方面，作品的形式要适合未成年人的阅读观赏兴趣，种类丰富、数量充足，适应不同年龄层次少年儿童的欣赏需求，可以为未成年人提供足够的精神文化产品，做到知识性、娱乐性、趣味性、教育性相统一。

62. 新闻媒体报道学生欺凌事件，能公开当事人的姓名吗?（第四十九条）

答： 积极的、正面的新闻媒体报道可以营造保护未成年人的社会氛围，但如果过度报道涉未成年人事件、公开新闻当事人的个人信息会暴露未成年人的个人隐私，影响他们正常的生活和学习，甚至妨碍事件的正常处置，对未成年人的身心健康造成不良影响。因此，媒体报道涉未成年人事件时应当客观、审慎和适度，要对所报道事件进行充分调查了解，确保所报道事件的真实性、客观性；在新闻选题、构思、刊载或者推送时应当进行周密而慎重的论证，分析该报道可能引起的社会关注及其对涉及的未成年人的影响；相关报道不宜过分追求全面真实，而是应当有一定的尺度和界限，防止因新闻媒体对事件信息的过度挖掘而侵犯未成年人名誉、隐私和其他合法权益。因此，新闻媒体在报道学生欺凌事件时，不仅不能公开当事人的姓名，而且也不能公开未成年人的住所、照片及可能推断出该未成年人的资料，避免对未成年人造成二次伤害。

63. 涉及引诱未成年人自杀内容的小说能出版吗？（第五十条）

答：未成年人的自控力、判断力、鉴别力较弱，容易受到淫秽、色情、暴力、邪教、迷信、赌博、引诱自杀、恐怖主义、分裂主义、极端主义等内容影响，从而产生不良的世界观、人生观、价值观，因此，国家禁止制作、复制、出版、发布、传播含有这些内容的图书、报刊、电影、广播电视节目、舞台艺术作品、音像制品、电子出版物和网络信息。

2017 年，很多新闻媒体报道了通过社交网络进入我国的“蓝鲸”游戏，这款游戏以未成年人为对象，利用未成年人心智比较脆弱的特点，通过大量的引诱自杀内容诱导、煽动未成年人自杀，进入国内前已在国外造成上百名未成年人死亡，给未成年人的生命健康造成严重威胁。根据未成年人保护法的规定，含有这种引诱未成年人自杀内容的网络游戏、小说不能制作、复制、出版、发布、传播。

64. 不适合孩子看的节目应该怎么设置提示？（第五十一条）

答：成年人和未成年人的身心发育水平有很大差异，同样的节目内容，具有较强的辨别、分析和判断能力的成年人不会因观看节目产生负面影响，但如果是缺乏辨别、分析和判断能力的未成年人，则可能会因为观看节目影响其身心健康。这类节目中，有的存在大量的性、暴力、血腥场景等内容，有的是内容超出了未成年人的理解能力和思维水平。对于这类节目，应当以显著方式作出提示。提示的内容在字体颜色、大小、位置、出现方式等形式上要与其他提示或者内容有显著区别，保证在正常观看情况下必然予以关注。比如，将提示内容的字体增大、加重、更改颜色，在播放过程中单独显示或者弹窗提示等。在提示中，应当清晰而明确地说明该内容可能影响未成年人身心健康、不适宜未成年人观看或者适合观看的人群年龄等信息。

65. 可以在网络上发布有关未成年人的淫秽色情信息吗？（第五十二条）

答：我国法律禁止制作、贩卖、传播淫秽物品，即具体描绘性行为或者露骨宣扬色情的淫秽性的图片、录影带等。制作、复制、发布、传播有关未成年人的淫秽色情物品不但会妨害社会管理秩序，更会严重侵犯了未成年人的人身权利，对未成年人的身心健康造成严重的甚至无可挽回的影响，甚至会诱发对未成年人的性犯罪。因此，严厉打击儿童色情制品是国际社会的共识。

在互联网时代，网络成为有关未成年人的淫秽色情信息传播的最主要渠道，我国严厉打击通过网络发布有关未成年人的淫秽色情信息的行为。如果利用互联网、移动通信终端制作、复制、出版、贩卖、传播内容含有不满十四周岁未成年人的淫秽电子信息，还可能会构成制作、复制、出版、贩卖、传播淫秽物品牟利罪。

66. 持有以未成年人为主角的色情视频违法吗？（第五十二条）

答：持有有关未成年人的淫秽色情图片、视频等物品和信息是制作、复制、发布、传播这些物品和信息的最终目的，并导致了以牟利为目的的制作、复制、发布和传播行为，因此，国际上多数国家都禁止持有有关未成年人的淫秽色情物品和网络信息。比如，加拿大法律规定，凡制作、传播、售卖、持有、浏览涉及未成年人的色情图片、视频、文章、录音等信息的相关人员，一经查实，将视情节轻重被判处6个月至14年的监禁；除非相关资料纯粹用于与司法、科学、医疗、教育、艺术有关的合法目的。韩国“N号房间”事件爆发后，通过了《Telegram“N号房”事件防治法》，将持有、购买、储存或者观看非法拍摄的淫秽视频纳入刑事处罚范围。我国未成年人保护法也专门规定，禁止持有有关未成年人的淫秽色情物品和网络信息，因此，只要持有以未成年人为主角的色情视频就是违法的。

67. 有的广告中有未成年人喝酒的情节，可以在电视上播出吗？（第五十三条）

答：广告的目的是推销商品或者服务，为了实现这一目的，广告的内容、形式等会带有一定的说服性，即使是成年人也会因为被广告说服而购买商品或者服务，未成年人的心智尚不成熟，缺乏辨别是非的能力，更容易受到广告影响。如果广告含有危害未成年人身心健康的内容，当未成年人接收到广告所传递的信息时，就会很容易被其中的内容所误导，影响其身心健康发展。因此，如果广告中有未成年人喝酒等危害未成年人身心健康的内容，是不允许在电视上或者其他媒体上刊登、播放、张贴或者散发的。曾经一些电视台播放过宣传“莎娃鸡尾酒”的电视广告，其中含有少男少女饮用酒精饮品感受等情节，价值导向存在偏差，易对未成年人产生误导，被国家广播电视总局要求立即停止播出。

68. 教材上可以刊登其他图书的广告吗？（第五十三条）

答：教材、校服等学生和幼儿在学习生活中必须使用或者经常接触的物品，如果成为广告宣传的载体，既可能分散他们学习的注意力，也可能使他们形成购买广告商品的心理冲动，或者对他们造成其他不良影响。因此，教材、校服上不能有包括其他图书广告在内的商业广告。但是，如果教材上刊登的不是商业广告，而是公益广告，即倡导健康社会文明风尚和关切社会公众福祉为目的的非商业性广告，则是允许的。因为具有正面宣传作用的公益广告可以通过生动活泼、贴近生活的形式对未成年人进行思想道德教育，如以尊老爱幼、勤俭节约、保护环境、遵守社会公德等为题材的公益广告，是有益无害的。

69. 生产、销售用于未成年人的食品、药品、玩具、用具和游戏游艺设备、游乐设施等，应当符合哪些条件？（第五十五条）

答：根据未成年人保护法的规定，一般应当符合以下条件：

（1）生产、销售用于未成年人的产品应当符合国家标准或行业标准。国家标准是需要在全国范围内统一的技术要求，由国务院标准化行政主管部门制定。行业标准由国务院有关行政主管部门制定，报国务院标准行政主管部门备案。近年来，国家为规范未成年人产品的生产、销售，制定了一系列严格的标准，其中多为强制性国家标准。目前，国家已形成较为完善的标准体系，为未成年人产品安全设定了底线。

（2）生产、销售用于未成年人的产品不得危害未成年人的人身安全和身心健康。国家标准、行业标准等产品质量标准是从人体健康、财产安全的角度对产品质量技术要求作出规定。不得危害未成年人身心健康，是在此基础上，增加了对未成年人心灵健康的保护。如用于未成年人的玩具、游乐设备、游戏游艺设备等产品不得含有色情、暴力、引诱犯罪等侵害未成年人心理健康的信息，游戏游艺设备应当设置合理限制，避免未成年人沉迷游戏等。

（3）用于未成年人的产品应当在显著位置标明注意事项。生产者应当在所有用于未成年人的产品的显著位置标明注意事项。销售者对产品是否标明注意事项负有审查义务，销售者未履行审查义务，销售未标明注意事项的未成年人的产品，应承担法律责任。

70. 商场、超市、游乐场等公共场所应当采取哪些措施保障未成年人的安全？（第五十六条）

答：商场、超市、游乐场等公共场所人员密集、结构复杂、设施较多，对于未成年人而言存在较大的安全风险和隐患。因此，未成年人保护法第五十六条专门作出规定，要求公共场所应当采取措施保障未成年人的安全。具体包括：（1）未成年人集中活动的公共场所应当符合国家或者行业安全标准，并采取相应的安全保护措施。比如，使用的建筑物、配套服务设施设备、建筑装修材料等应当安全可靠，符合国家或者行业规定的安全标准；在电梯安全、消防安全以及大型游乐场所的安全等方面，充分考虑未成年人的身高、年龄等特点，进行有关安全测试。（2）对可能存在安全风险的设施，应当定期进行维护。根据设施安全风险程度的不同，定期检修、维护设施设备，及时发现和清除安全隐患。（3）在显著位置设置安全警示标志并标明适龄范围和注意事项。（4）必要时应当安排专门人员看管。在一些人流拥挤，容易发生危险的地点或者设施旁，配备专门人员加强看管，及时发现和制止未成年人危险行为，防范第三人的侵权行为，一旦发生伤害事故及时给予救助。

71. 哪些场所应当设置搜寻走失未成年人的安全警报系统？（第五十六条）

答：大型的商场、超市、医院、图书馆、博物馆、科技馆、游乐场、车站、码头、机场、旅游景区景点等场所的建筑结构比较复杂，层次多、出口多，容易出现未成年人走失的现象。未成年人尤其是低龄儿童走失后的数小时是搜救的黄金时间。在短时间、小范围内，以最快速度找到走失的未成年人十分关键。从国内外的经验看，在大型公共场所设置搜寻走失未成年人的安全警报系统，可以帮助父母及时找回走失的孩子，有效预防和打击拐卖儿童的犯罪行为。为此，未成年人保护法第五十六条第二款规定，大型的商场、超市、医院、图书馆、博物馆、科技馆、游乐场、车站、码头、机场、旅游景区景点等场所运营单位应当设置搜寻走失未成年人的安全警报系统。这些场所的运营单位应当在醒目位置设置报警装置；完善各出入口的监控设备；设置与警方联网的报警系统；组织工作人员接受有关部门培训，定期开展相关救助演练。一旦发生未成年人走失的情况，场所运营单位接到求助后，应当立即启动安全警报系统，组织人员抵达现场进行搜寻，并及时向公安机关报告。

72. 未成年人入住宾馆时，宾馆工作人员可以询问未成年人父母的联系方式吗？（第五十七条）

答：可以。未成年人保护法规定，旅馆、宾馆、酒店等住宿经营者接待未成年人入住，或者接待未成年人和成年人共同入住时，应当询问父母或者其他监护人的联系方式、入住人员的身份关系等有关情况。《旅馆业治安管理办法》第六条第一款明确规定，旅馆接待旅客住宿必须登记；登记时，应当查验旅客的身份证件，按规定的项目如实登记。实践证明，住宿登记制度虽然在追查在逃犯罪分子、保护旅客的生命财产安全和规范住宿行业管理秩序方面发挥了重要作用，但单纯的住宿登记制度对于有效防范在旅馆中发生的侵害未成年人的违法犯罪行为，却有所不足。相比于发现违法犯罪嫌疑再进行报告，事前查询是避免未成年人在旅馆、宾馆、酒店中遭受侵害的更为有效的手段，应当采取保护前置的方式，即规定住宿经营者在接待未成年人入住时负有询问相关情况的义务。因此，基于对未成年人特殊保护的需要，除应当按规定严格履行登记手续外，未成年人保护法规定住宿经营者接待未成年人入住，或者接待未成年人和成年人共同入住时，应当询问父母或者其他监护人的联系方式、入住人员的身份关系等有关情况。上述规定的目的不是为未成年人入住旅馆、宾馆、酒店增加障碍，或者阻止未成年人入住，而是在登记之外，多设一道关卡，通过进一步询问了解，及时发现异常情况，同时通过询问也能使不法分子产生心理畏惧，减少不法分子在旅馆、宾馆、酒店中对未成年人实施侵害的可能。

除询问上述内容外，住宿经营者还应当根据实际情况，询问有关情况，如住宿经营者发现未成年人醉酒或者入住人员神色慌张等情形时，应当提高注意义务，除询问监护人联系方式、相互关系外，还可以询问住宿原因、监护人是否知情、所在学校及其教师的联系方式等有关情况，通过观察入住人员能否作出合理答复，来确定是否有异常情况并进一步判断是否应向公安机关报告或者联系其监护人。通过询问和报告的有效衔接，能在相当大的程度上预防未成年人在旅馆、宾馆、酒店中遭受侵害。

73. 哪些场所不适宜未成年人活动？（第五十八条）

答：不适宜未成年人活动的场所，是指以成年人为服务对象，供成年人消遣娱乐，但不利于未成年人身心健康发展的一些特定的娱乐场所，主要包括营业性娱乐场所、酒吧、互联网上网服务营业场所等。根据《娱乐场所管理条例》《娱乐场所管理办法》的相关规定，娱乐场所，是指以营利为目的，向公众开放、消费者自娱自乐的歌舞、游艺等场所。歌舞娱乐场所，是指提供伴奏音乐、歌曲点播服务或者提供舞蹈音乐、跳舞场地服务的经营场所；游艺娱乐场所，是指通过游戏游艺设备提供游戏游艺服务的经营场所。根据《互联网上网服务营业场所管理条例》的相关规定，互联网上网服务营业场所，是指通过计算机等装置向公众提供互联网上网服务的网吧、电脑休闲室等营业性场所。酒吧，通常是指提供酒精类饮料的消费场所，实践中有些酒吧还提供歌舞表演活动。随着经济社会发展，营业性娱乐场所、酒吧、互联网上网服务营业场所纷纷出现，丰富了大众的文化娱乐生活。同时，这些场所也存在容易沾染不良习气、滋生违法犯罪等问题，对于未成年人成长有着明显的不利影响，因此通常都不适宜未成年人活动，法律也对这些场所向未成年人提供服务作出严格限制。

74. 学校旁边开了歌舞厅、酒吧、网吧，这合法吗？（第五十八条）

答：学校、幼儿园是未成年人接受教育和保育的主要场所。良好的校园及其周边环境，是保障学生健康成长、全面发展的前提和基础，关系未成年人人身安全和身心健康，事关亿万家庭幸福与社会和谐稳定。为了给未成年人提供良好的成长环境，党和国家采取了一系列措施加强学校、幼儿园周边环境治理，其中就包括禁止在校园周边开设不适宜未成年人活动的场所。例如，《互联网上网服务营业场所管理条例》第九条规定，中学、小学校园周围200米范围内和居民住宅楼（院）内不得设立互联网上网服务营业场所。《娱乐场所管理条例》第七条第一款第（二）项规定，娱乐场所不得设在学校周围。《中长期青年发展规划（2016—2025年）》要求，严格落实禁止在中小学校园周边开办上网服务营业场所、娱乐场所、彩票专营场所等相关规定。未成年人保护法第五十八条明确规定，学校、幼儿园周边不得设置营业性娱乐场所、酒吧、互联网上网服务营业场所等不适宜未成年人活动的场所。因此，学校旁边开了歌舞厅、酒吧、网吧，这明显是不合法的。

75. 未成年人可以去歌舞厅、酒吧、网吧吗？（第五十八条）

答：学校、幼儿园周边不得设置营业性娱乐场所、酒吧、互联网上网服务营业场所等不适宜未成年人活动的场所，当然更不应允许未成年人进入。不得设置的义务主体在政府有关部门，不得允许未成年人进入的义务主体则是场所的经营者。根据《娱乐场所管理条例》《互联网上网服务营业场所管理条例》的相关规定，歌舞娱乐场所不得接纳未成年人。除国家法定节假日外，游艺娱乐场所设置的电子游戏机不得向未成年人提供。互联网上网服务营业场所经营单位不得接纳未成年人进入营业场所。这些规定对规范营业性歌舞娱乐场所、互联网上网服务营业场所的经营秩序，保护未成年人免受不良环境的影响，发挥了重要作用。未成年人保护法第五十八条进一步明确规定，营业性歌舞娱乐场所、酒吧、互联网上网服务营业场所等不适宜未成年人活动场所的经营者，不得允许未成年人进入；游艺娱乐场所设置的电子游戏设备，除国家法定节假日外，不得向未成年人提供。经营者应当在显著位置设置未成年人禁入、限入标志；对难以判明是否是未成年人的，应当要求其出示身份证件。因此，未成年人不可以去歌舞厅、酒吧、网吧，这些场所的经营者也不得允许未成年人进入。

76. 学校旁边开设了烟、酒和彩票的销售点，这合法吗？（第五十九条）

答：学校是未成年人接受教育的主要场所，学校周边是未成年人重要的成长环境。为减少未成年人接触烟、酒和彩票的机会，尽可能降低对未成年人的不良影响，未成年人保护法第五十九条第一款明确规定，学校、幼儿园周边不得设置烟、酒、彩票销售网点。学校包括普通中小学、特殊教育学校、中等职业学校、专门学校；幼儿园包括公立幼儿园、私立幼儿园等。烟主要是指卷烟、雪茄烟、烟丝、复烤烟叶等烟草制品。酒，是指酒精度（乙醇含量）大于0.5%（体积分数）的含酒精饮料，包括发酵酒、蒸馏酒、配制酒、食用酒精以及其他含有酒精成分的饮品，经国家有关部门依法批准生产的药酒、保健食品酒类也包括在内。根据彩票管理条例的规定，彩票，是指国家为筹集社会公益资金，促进社会公益事业发展而特许发行、依法销售，自然人自愿购买，并按照特定规则获得中奖机会的凭证。根据法律的规定，在学校周边开设烟、酒和彩票的销售点，是不合法的。

77. 未成年人能不能买烟、酒和彩票？（第五十九条）

答：早在1990年，预防未成年人犯罪法就规定，任何经营场所不得向未成年人出售烟、酒。其后，烟草专卖法等相关法律法规对烟、酒和彩票销售进一步作出禁止性规定。烟草专卖法第五条第二款规定，禁止中小学生吸烟。彩票管理条例第十八条、第二十六条分别规定，彩票发行机构、彩票销售机构、彩票代销者不得向未成年人销售彩票，不得向未成年人兑奖。有关部门规章规定，“酒类零售经营者不应向未成年人销售酒类商品”。在这些规定的基础上，未成年人保护法第五十九条第一款明确规定，禁止向未成年人销售烟、酒、彩票或者兑付彩票奖金。不管有没有依法取得烟、酒和彩票销售资格或者许可，都不能向未成年人销售。实践中向未成年人非法销售香烟，可能是整包、整条，还有可能是拆封后按支出售；非法销售彩票，可能是国家发行的福利彩票或者体育彩票，也可能是违规发行的“刮刮乐”之类的彩票。无论哪种形式，都是法律所禁止的。因此，未成年人不能买烟、酒和彩票，经营者应当在显著位置设置不向未成年人销售烟、酒或者彩票的标志，对难以判明是否是未成年人的，应当要求其出示身份证件，核实是否属于未成年人。

78. 老师在学校、幼儿园可以吸烟、饮酒吗？（第五十九条）

答：吸烟、饮酒不仅会给吸烟者、饮酒者本人身体健康带来不利影响，对于其他人也会带来不良影响。医学研究已经证实，被动吸烟对人体健康同样有严重伤害，二手烟、三手烟的危害甚至大于吸烟。在未成年人集中活动场所吸烟、饮酒，不仅危害未成年人身心健康，也容易对未成年人产生不良诱导。为了保护未成年人免受烟酒的危害，提供更加健康安全的成长环境，未成年人保护法第五十九条第二款明确规定，在学校、幼儿园和其他未成年人集中活动的公共场所禁止吸烟、饮酒。因此，任何人在学校、幼儿园都不可以吸烟、饮酒，即使是老师也不可以。禁止吸烟、饮酒的范围，不仅包括教室、寝室、活动室，还包括学校、幼儿园的其他地方。

79. 可不可以向未成年人提供、销售管制刀具等危险物品？（第六十条）

答：现实生活中，一些商户、网店存在向未成年人提供、销售管制刀具或者其他危险物品的现象，给未成年人自身以及他人的人身安全带来严重威胁，为未成年人不良行为、学生欺凌行为的发生提供了条件。为此，未成年人保护法第六十条明确规定，禁止向未成年人提供、销售管制刀具或者其他可能致人严重伤害的器具等物品。根据公安部 2007 年印发的《管制刀具认定标准》的规定，凡符合下列标准之一的，可以认定为管制刀具：（1）匕首，即带有刀柄、刀格和血槽，刀尖角度小于60度的单刃、双刃或多刃尖刀；（2）三棱刮刀，即具有三个刀刃的机械加工用刀具；（3）带有自锁装置的弹簧刀（跳刀），即刀身展开或弹出后，可被刀柄内的弹簧或卡锁固定自锁的折叠刀具；（4）其他相类似的单刃、双刃、三棱尖刀，即刀尖角度小于60度，刀身长度超过150毫米的各类单刃、双刃和多刃刀具；（5）其他刀尖角度大于60度，刀身长度超过220毫米的各类单刃、双刃和多刃刀具。其他危险物品，是指其他不适合未成年人使用，可能致人严重伤害的器具等物品，包括呈液态或者气态的危险化学品等。未成年人学习使用的铅笔刀、圆规等，不属于危险物品。

80. 用人单位能否招用不满十六周岁的未成年人？（第六十一条）

答：不可以。国家机关、人民团体、企业事业单位、社会组织或者个体工商户均不得招用不满十六周岁的未成年人。禁止任何单位或者个人为不满十六周岁的未成年人介绍就业。禁止不满十六周岁的未成年人开业从事个体经营活动。考虑到文艺、体育等特殊行业，需要从小培养专业的人才，文艺、体育和特种工艺单位确需招用未满十六周岁的文艺工作者、运动员和艺徒时，须报经县级以上含县级劳动保障部门批准。其中，文艺工作者，是指专门从事表演艺术工作的人员；运动员，是指专门从事某项体育运动训练和参加比赛的人员；艺徒，是指在杂技、戏曲以及工艺美术等领域中从师学艺的人员。招用文艺工作者、运动员和艺徒除了必须依照国家有关规定履行审批手续外，招用后还应当保障他们接受义务教育的权利。

81. 酒吧能招用十七周岁的未成年人当服务员吗？（第六十一条）

答：不可以。营业性娱乐场所、酒吧、互联网上网服务营业场所等不适宜未成年人活动的场所不得招用已满十六周岁的未成年人。未成年人保护法规定，学校周边不得设置营业性歌舞娱乐场所、酒吧、互联网上网服务营业场所等不适宜未成年人活动的场所。营业性歌舞娱乐场所、酒吧、互联网上网服务营业场所等不适宜未成年人活动场所的经营者，不得允许未成年人进入。游艺娱乐场所设置的电子游戏设备，除国家法定节假日外，不得向未成年人提供。对于未成年人禁止进入或者限制进入的场所，当然不能招用未成年人在这些场所工作。

82. 未成年人参加演出和节目制作，节目制作方应当注意什么？（第六十一条）

答：随着我国文化市场的繁荣，影视业的快速发展，未成年人参与各类演出、节目制作的情况越来越普遍。未成年人通过参与演出、节目制作等活动展示才艺，有助于提升自身的综合素质。未成年人在演出、节目中展现出的良好精神风貌，在宣传未成年人方面起到了积极的作用。但是，一些演出、节目制作过程中，出现严重超时、超期等情况，影响了未成年人正常的休息和学习；有的演出、节目对未成年人的安全保护措施不到位，容易发生意外事故，对未成年人的身心健康造成损害；有的节目出现拜金、炫富等倾向，不利于未成年人形成正确的价值观和人生观。因此，任何组织或者个人不得组织未成年人进行危害其身心健康的表演等活动。经未成年人的父母或者其他监护人同意，未成年人参与演出、节目制作等活动，活动组织方应当根据国家有关规定，保障未成年人的合法权益。

83. 同学发微信约未成年人出去玩，父母看到后删掉了，这合法吗？（第六十三条）

答：通信自由和通信秘密是公民的重要权利。宪法第四十条规定，中华人民共和国公民的通信自由和通信秘密受法律的保护。民法典规定自然人享有隐私权。任何组织或者个人不得以刺探、侵扰、泄露、公开等方式侵害他人的隐私权。除法律另有规定或者权利人明确同意外，任何组织或者个人不得处理他人的私密信息。

随着信息技术的发展，通信秘密除了传统的信件、日记，还包括电子邮件、手机短信、利用即时通讯工具传递的通讯信息等。未成年人保护法对此作了回应：一是将保护未成年人隐私与民法典的规定相衔接，在总则中明确规定要保护未成年人的隐私权和个人信息，凸显隐私和个人信息保护的重要性。二是对通信自由和通信秘密的规定作了完善，规定任何组织或者个人不得隐匿、毁弃、非法删除未成年人的信件、日记、电子邮件或者其他网络通讯内容。上述规定将现行法中的“信件、日记、电子邮件”修改为“信件、日记、电子邮件或者其他网络通讯内容”，将“不得隐匿、毁弃”修改为“不得隐匿、毁弃、非法删除”，回应了信息时代保护通信自由和通信秘密的需要。

84. 父母担心未成年人早恋，开拆、查阅未成年人的信件、日记，这合法吗？（第六十三条）

答：通信自由和通信秘密是公民的重要权利。根据未成年人保护法规定，除三种例外情形外，任何组织或者个人不得开拆、查阅未成年人的信件、日记、电子邮件或者其他网络通讯内容。上述例外情形具体包括：一是无民事行为能力未成年人的父母或者其他监护人代未成年人开拆、查阅，这是监护人正常履行监护职责的内容。二是因国家安全或者追查刑事犯罪依法进行检查。例如，国家安全法第七十七条规定，公民和组织应当如实提供所知悉的涉及危害国家安全活动的证据，为国家安全工作提供便利条件或者其他协助，向国家安全机关、公安机关和有关军事机关提供必要的支持和协助。刑事诉讼法第七十八条规定，执行机关对被监视居住的犯罪嫌疑人、被告人，可以采取电子监控、不定期检查等监视方法对其遵守监视居住规定的情况进行监督；在侦查期间，可以对被监视居住的犯罪嫌疑人的通信进行监控。三是紧急情况下为了保护未成年人本人的人身安全。例如，在未成年人下落不明时为了查找其下落，通过恰当方式查阅其网络通讯内容等信息，是出于保护其人身安全的需要，不是侵犯其隐私权和通信秘密。

需要指出的是，上述几种情形下开拆、查阅未成年人的信件、日记、电子邮件或者其他网络通讯内容，都需要遵循合法、必要等原则，不得变相侵犯未成年人通信自由和通信秘密。

85. 未成年人能熟练地使用手机、电脑上网，算不算具备了网络素养？（第六十四条）

答：“网络素养”一词最早是在20世纪90年代由美国学者提出来的，最初是指个人识别、访问并使用网络信息的能力。随着网络普遍应用，网络素养的含义也不断扩展到上网技能、信息识别能力、网络安全以及自我保护意识和能力、网络空间文明素养等多个方面。联合国儿童基金会发布的《2017年世界儿童状况：数字时代的儿童》报告中，将信息时代未成年人需要具备的素养归纳为：可以安全有效地进入和利用数字环境，对接触到的信息进行评估，安全、负责任且有效地利用数字技术进行交流，制作数字内容，以尊重和包容的行为态度对待他人等。《2019年全国未成年人互联网使用情况研究报告》中的“网络素养”部分，主要关注了未成年人的上网技能学习能力、上网行为自控能力、网上自我保护能力等。该报告显示，我国未成年网民上网技能学习主要依靠自己摸索，所占比例达到65.6%；向同学朋友学习，占46.6%；通过学校学习上网技能的为25.7%。在上网自控能力方面，认为自己非常依赖（有空闲时间就要上网）或比较依赖的为17.3%，认为自己不太依赖或完全不依赖的为44.9%。在自我保护意识方面，54.6%的未成年网民会有意识避免在网上发布个人信息；41.3%会将网上个人信息设置为好友可见；29.8%会在网上发布个人信息之前征得父母同意；但也有20.8%的未成年网民不具备上述任何隐私保护意识。

86. 应当如何培养和提高未成年人的网络素养？（第六十四条）

答：培养和提高未成年人网络素养，需要国家、社会、学校和家庭共同努力。未成年人保护法规定的培养和提高未成年人网络素养的措施主要包括：

（1）加强未成年人网络素养宣传教育。例如，《新时代公民道德建设实施纲要》提出，推进网民网络素养教育，引导广大网民遵德守法、文明互动、理性表达，远离不良网站，防止网络沉迷，自觉维护良好网络秩序。《中长期青年发展规划（2016—2025 年）》提出，在青年群体中广泛开展网络素养教育，引导青年科学、依法、文明、理性用网。2020 年“国家网络安全宣传周”期间，教育系统开展校园日活动，在学校宣传贯彻网络安全法及相关配套法规，提升广大师生网络安全意识和防护技能。家长对未成年人的网络保护，不是要禁止未成年人上网，而是要对未成年人加强网络素养教育，使得未成年人更好地适应网络社会。

（2）增强未成年人科学、文明、安全、合理使用网络的意识和能力。网络是未成年人获取知识的重要渠道，增强科学使用网络的意识和能力，可以使得未成年人能够掌握使用网络的技能，从而利用网络获取知识等，以适应网络社会需要。文明使用网络，主要是强调未成年人在网络空间要规范自己的行为，遵守网络空间行为规范，如要尊重他人的合法权益，文明交流沟通，不实施低俗、暴力等不文明行为。安全使用网络，主要是增强安全防范意识和能力，如对网络诈骗、网络不良信息等的识别和防范意识和能力。合理使用网络，意味着需要正确认识网络的作用，适度使用网络，避免网络沉迷等情况的发生。

87. 未成年人每天都上网玩游戏，或者是刷抖音，算不算网络沉迷或者网络成瘾？

答：网络沉迷的概念最早在 1995 年由美国的精神科医生伊万·戈登伯格提出，他指出网络沉迷的症状为：过度使用网络，造成学业、工作、社会、家庭等身心功能的减弱。虽然我们不认为一般意义上的网络沉迷属于精神障碍，但上述相关特征对网络沉迷的认定具有借鉴意义。可以认为未成年人沉迷网络的主要行为表现是长时间、高强度、习惯性、依赖性地使用网络，但仅有行为表现还无法区分网络沉迷与不当使用网络行为，判断是否构成网络沉迷还应考虑结果因素，即上述行为是否造成未成年人身心健康、学习和社会生活能力弱化的危害后果。

《中国青少年健康教育核心信息及释义（2018 版）》对“网络成瘾”作了界定并指出，网络成瘾，是指在无成瘾物质作用下对互联网使用冲动的失控行为，表现为过度使用互联网后导致明显的学业、职业和社会功能的损伤。诊断网络成瘾障碍，持续时间是一个重要标准，一般情况下相关行为至少持续 12 个月才能确诊。网络成瘾包括网络游戏成瘾、网络色情成瘾、信息收集成瘾、网络关系成瘾、网络赌博成瘾、网络购物成瘾等，其中网络游戏成瘾最为常见。根据世界卫生组织的定义，游戏成瘾（障碍），是指一种持续或复发性的游戏行为，体现为：对游戏失去控制力，如对玩游戏的频率、强度、持续时间、终止时间、情境等缺乏自控力；对游戏的重视程度不断提高，以至于游戏优先于其他生活兴趣和日常活动；尽管有负面效果出现，但依旧持续游戏甚至加大游戏力度。这种行为模式的严重程度足以导致个人、家庭、社会、教育、职业或其他重要功能领域受到严重损害，并通常明显持续了至少 12 个月。

88. 为什么父母、老师不让未成年人长时间上网玩游戏？

答：通常认为，未成年人沉迷网络的危害主要包括：

沉迷网络会造成未成年人因过度上网而睡眠不足，注意力、视力下降等症状，严重影响其身体机能的健康发育。

（1）导致未成年人沉迷的网络产品和服务中可能含有色情、暴力等危害和可能影响未成年人身心健康内容的信息，未成年人沉迷其中不可避免会受到上述信息的影响，会对未成年人的心理健康造成严重影响，如未成年人因沉迷网络暴力游戏引发违法犯罪案件的情况早已屡见不鲜。

（2）沉迷网络使未成年人的大量时间花费在网络虚拟世界中，不仅会使未成年人逐渐忽略学习，造成学习成绩下降甚至学业荒废等结果，而且会阻碍未成年人正常的人际交往，无法有效实现未成年人的社会化。

上述种种危害又会不断向家庭、社会传递，最终会影响和谐、健康的家庭环境和社会秩序。

89. 政府部门为预防未成年人沉迷网络，应当采取哪些措施？（第六十八条）

答：未成年人保护法规定，新闻出版、教育、卫生健康、文化和旅游、网信等部门为预防未成年人沉迷网络，应当采取如下措施：

（1）定期开展预防未成年人沉迷网络的宣传教育。宣传教育可以有多种形式，包括通过媒体进行宣传、通过学校开展教育等。例如，《关于做好预防中小学生沉迷网络教育引导工作的紧急通知》规定，各地教育行政部门要积极会同当地宣传部门以及新闻媒体，集中在开学后、放假前等重点时段播放预防中小学生沉迷网络提醒，及时向家长推送防范知识。

（2）监督网络产品和服务提供者履行预防未成年人沉迷网络的义务。例如，《关于防止未成年人沉迷网络游戏的通知》规定，实行网络游戏用户账号实名注册制度，严格控制未成年人使用网络游戏时段和时长，规范向未成年人提供付费服务，探索实施适龄提示制度等内容。《网络音视频信息服务管理规定》规定，网络音视频信息服务提供者应当落实信息内容安全管理主体责任，配备与服务规模相适应的专业人员，建立健全用户注册、信息发布审核、未成年人保护等制度。

（3）指导家庭、学校、社会组织互相配合，采取科学、合理的方式对未成年人沉迷网络进行预防和干预。指导家庭主要是向家长普及知识、提供帮助等；指导学校主要是如何完善机制和开展工作；指导社会组织发挥行业协会等的作用，可以有效推动预防和干预网络沉迷。例如，《网络短视频平台管理规范》和《网络短视频内容审核标准细则》中提出网络短视频平台应当建立未成年人保护机制，采用技术手段对未成年人在线时间予以限制，设立未成年人家长监护系统，有效防止未成年人沉迷短视频。

90. 未成年人因为沉迷网络游戏，被父母送去矫治机构，矫治机构的老师采用关禁闭、打耳光的方式对未成年人进行教育，这种做法合法吗?（第六十八条）

答：未成年人保护法规定，任何组织或者个人不得以侵害未成年人身心健康的方式对未成年人沉迷网络进行干预。实践中曾发生过通过非法限制人身自由、暴力等方式对未成年人沉迷网络进行干预的情况，相关部门及时进行了处置。例如，《关于停止电刺激（或电休克）治疗“网瘾”技术临床应用的通知》要求相关医疗机构停止电刺激（或电休克）治疗网瘾技术的临床应用。2013 年原文化部等多部门联合发布的《未成年人网络游戏成瘾综合防治工程工作方案》规定，对违法设立的网瘾干预机构要及时整治，杜绝违法执业和超范围执业。网瘾干预机构的服务涉及精神障碍诊断、治疗的，应当符合精神卫生法的要求。

未成年人沉迷网络可能涉及家庭关系不和谐、学业不顺利等多种原因，对网络沉迷的预防和干预也要科学进行。对家长来说，应通过加强与未成年人的精神沟通，化解未成年人成长过程中面临的一些问题；对于学校来说，教师应及时掌握学生思想情绪和同学关系状况，积极营造良好的班级氛围，组织学生开展丰富多彩的班级活动等，这些措施对预防和干预网络沉迷具有积极意义。如果需要进行医疗干预，应通过合法机构，并采取科学的方式进行。

91. 老师发现未成年学生在教室里玩手机游戏，能把手机收走、暂时保管吗?（第七十条）

答：未成年人保护法规定，学校为预防未成年人沉迷网络，应当采取如下措施：

（1）合理使用网络开展教学活动。网络教学在提高教学效率的同时，也可能带来未成年人沉迷网络或者视力下降等问题，因此，未成年人保护法规定了学校应当合理使用网络开展教学活动。2018 年教育部等八部门《综合防控儿童青少年近视实施方案》规定，学校使用电子产品开展教学时长原则上不超过教学总时长的30%。2020年教育部印发《关于疫情防控期间以信息化支持教育教学工作的通知》，要求学校科学有序实施线上教学，指导家长督促儿童青少年科学规范使用电子产品，严控在线时长。

（2）对未成年学生未经允许带入课堂的手机等智能终端产品进行统一管理。教育部等八部门《综合防控儿童青少年近视实施方案》中规定，严禁学生将个人手机、平板电脑等电子产品带入课堂，带入学校的要进行统一保管。但随着教学模式的创新发展，在某些情况下，学生使用自用的智能终端产品是顺利开展教学活动所必需的，因此，原则上学校不能允许学生将智能终端产品带入课堂，仅是出于特定教学目的才例外允许。对于未经允许带入课堂的智能终端产品，学校要进行统一管理，避免干扰正常的教育教学活动。

（3）发现未成年学生沉迷网络的，应当及时告知其父母或者其他监护人，共同对未成年学生进行教育和引导，帮助其恢复正常的学习生活。家庭和学校是与未成年人联系最为最密切的两个主体，一旦未成年人沉迷网络，只有双方通力协作，才能更好保护未成年人免受网络侵害。

92. 网络游戏服务提供者能够允许未成年人以其父母身份登录网络游戏吗？（第七十五条）

答：不能。未成年人保护法规定，网络游戏服务提供者应当要求未成年人以真实身份信息注册并登录网络游戏。如何确定网络游戏用户是不是未成年人，是预防未成年人沉迷网络措施的基础性和核心性问题，只有有效确认正在使用网络游戏服务的用户是未成年人，网络游戏服务提供者才能进一步采取诸如时间管理、适龄提示等相关防沉迷措施，也才能真正发挥防沉迷措施的效能。早在2005年，我国就开始网络游戏实名化的探索，但一直难以解决有效确认的问题，同时在确认网络游戏用户是不是未成年人过程中，不可避免地要收集相关个人信息，如何平衡预防网络沉迷和保护个人信息、隐私之间的关系，也是公众一直争论的焦点问题。解决真实身份认证和个人信息保护需求之间的矛盾，对网络个人身份信息的管控体系、技术支撑提出了新要求。网络安全法第二十四条第二款规定，国家实施网络可信身份战略，支持研究开发安全、方便的电子身份认证技术，推动不同电子身份认证之间的互认。实施网络可信身份战略，实现不同电子身份认证之间的互认，有助于建立规范化、可管可控的网络安全管理体系，为用户上网带来便利，也可有效防范用户信息泄露，有助于互联网产业的良性发展。目前，国家新闻出版署正与公安部对接，牵头建设统一的网络游戏身份识别系统，为网络游戏企业提供游戏用户身份识别服务，以准确验证未成年人身份信息。

93. 网络游戏服务提供者能否在晚上十点后继续为未成年人提供网络游戏服务？（第七十五条）

答：不能。未成年人保护法规定，网络游戏服务提供者不得在每日二十二时至次日八时向未成年人提供网络游戏服务。长时间无节制地使用网络游戏，是未成年人沉迷网络游戏的主要行为表现，部分未成年人由于日常学习安排较为紧凑、监护人要求较为严格等原因，正常作息时间难以满足其长时间玩游戏的需求，因而选择违背正常作息时间规律通宵使用网络游戏，长此以往，很有可能会形成恶性循环。未成年人保护法有关时间管理的规定与《关于防止未成年人沉迷网络游戏的通知》的规定相一致，该通知要求，每日二十二时至次日八时，网络游戏企业不得以任何形式为未成年人提供游戏服务。从时间段来看，二十二时至八时正是未成年人应当休息的时间，通过禁止该时间段玩游戏，在一定程度上是对未成年人发育和体质的保障；从监护和管理角度来看，这一时间段也是监护人和监管者管理最薄弱的时间，以时间段的限制来实现网络游戏管理，也有助于防止未成年人上网脱管现象发生。部分国家法律中也有类似网络游戏宵禁制度的规定，例如 2011 年，韩国国会通过了限制青少年深夜上网玩游戏的《青少年保护法》修订案，俗称“灰姑娘法”，强制游戏发行商在晚上十二时至早上六时停止向未满十六周岁的未成年人提供互联网游戏服务，违反者将会被处以两年以下有期徒刑和1000万韩元以上罚款。

94. 父母应当履行的未成年人网络保护义务有哪些？（第七十一条）

答：未成年人保护法规定的父母或者其他监护人在未成年人网络保护中的主要义务包括：

（1）提高网络素养，规范自身使用网络的行为，加强对未成年人使用网络行为的引导和监督。父母或者其他监护人应正确认识、接纳和使用网络，形成正确网络观念，掌握沉迷网络早期识别和干预的知识，及时发现、制止和矫正未成年人沉迷网络和不当消费行为，引导未成年人健康合理使用网络，才能更好地实现对未成年人的网络保护。同时，父母或者其他监护人应规范自己的网络使用行为，通过言传身教，教导未成年人合理使用网络。

（2）在智能终端产品上安装未成年人网络保护软件、选择适合未成年人的服务模式和管理功能等方式，避免未成年人接触危害或者可能影响其身心健康的网络信息。

（3）合理安排未成年人使用网络的时间，包括规定使用网络的时段和时长，避免未成年人无节制、违背正常作息规律使用网络，进而导致沉迷网络，并形成恶性循环。

95. 信息处理者收集、使用未满十四周岁未成年人的姓名、住址、所在学校等个人信息时，需要征得未成年人同意吗？（第七十二条）

答：一般而言，信息处理者处理个人信息时，须告知信息主体并征得其同意。但是由于未成年人认知能力的欠缺和特殊保护的需要，对未成年人特别是低龄未成年人个人信息的处理有特殊要求。当前国际上普遍根据未成年人教育、心理、青少年成长规律等，将个人信息处理需要监护人同意的年龄分界点设置在十三周岁至十六周岁，如美国《儿童在线隐私保护法》规定，处理未满十三周岁未成年人个人信息的，需要取得其父母同意。欧盟《一般数据保护条例》第八条规定，在提供信息社会服务时，处理十六周岁以下儿童的个人数据必须征得父母同意，欧盟成员国出于特定目的可以在法律上规定更低的年龄门槛，但是不得低于十三周岁。韩国《个人信息保护法》规定，处理未满十四周岁儿童的个人信息，个人信息处理者应征得其法定代理人的同意。

从目前我国未成年人使用网络的实际情况来看，年满十四周岁的未成年人已普遍具有了认知、判断网络风险的能力，而且我国部分法律已将十四周岁作为划分未成年人权利义务的重要年龄分界点。此外，2019 年国家网信办出台的《儿童个人信息网络保护规定》将儿童定义为不满十四周岁的未成年人，并规定，网络运营者收集、使用儿童个人信息的，应当以显著、清晰的方式告知儿童监护人，并应征得儿童监护人的同意。综上，未成年人保护法规定处理不满十四周岁未成年人个人信息的，应当征得未成年人的父母或者其他监护人同意。

96. 什么是私密信息？（第七十三条）

答：私密信息，是指通过特定形式体现出来的有关自然人的病历、财产状况、身体缺陷、遗传特征、档案材料、生理识别信息、行踪信息等个人情况。私密信息同样具有可识别性特征，其属于个人信息，但同时私密信息又是信息主体不愿为他人所知晓的信息，是隐私权保护的范畴，民法典第一千零三十二条第二款明确规定，隐私是自然人的私人生活安宁和不愿为他人知晓的私密空间、私密活动、私密信息。相较于一般个人信息，私密信息可能涉及该自然人的财产状况，可能涉及其社交状况，也可能涉及其生理状况，还可能涉及其身世经历等情况，由于私密信息所具有的强识别性和隐私属性，需要加大保护力度。因此，对私密信息的处理，法律作了特别规定，民法典第一千零三十三条第（五）项规定，除法律另有规定或者权利人明确同意外，任何组织或者个人不得处理他人的私密信息。根据上述规定，不同于处理一般个人信息，处理他人的私密信息要想获得合法性，除法律的明确授权外，必须经过权利人明确同意，而处理非私密个人信息则可以是默示同意，而不一定需要明示同意。

97. 未成年人在网上发布银行账号等私密信息，网络服务提供者需要采取保护措施吗？（第七十三条）

答：未成年人保护法规定，网络服务提供者发现未成年人通过网络发布私密信息的，应当采取如下保护措施：

（1）及时对未成年人进行提示。由于未成年人缺少风险防范意识，对私密信息的范围和发布私密信息可能造成的后果也缺少必要的认识，容易主动或者受到引诱而发布私密信息，上述私密信息一旦泄露、非法提供或滥用可能会危害未成年人人身和财产安全，也极易导致个人名誉、身心健康受到损害或歧视性待遇等后果。对此，网络服务提供者在发现未成年人通过网络发布私密信息的情况下，应当及时进行提示，目的是通过提示使未成年人注意和认识到其正在发布的信息属于私密信息，以及发布私密信息可能造成的后果。只有在对上述情况有清楚认识后，未成年人才可能主动对上述信息进行删除或者采取其他处理措施。

（2）采取必要的保护措施。对未成年人个人信息的保护应注意平衡好未成年人的人格权益和宪法赋予公民所享有的言论自由、通信自由等宪法性权利的关系，对于未成年人主动发布的个人信息，无论是私密信息还是非私密信息，直接采取屏蔽、删除等措施予以处理应当慎重；此外，隐私的判断往往带有主观性，隐私定义中的“不愿意为他人知晓”也难以有对每个信息主体统一适用的判断标准，如住址信息、人脸图像信息等，有些信息主体视其为私密信息，有些信息主体则认为可以公开，属于非私密的个人信息，要求网络服务提供者自行判断并直接采取屏蔽、删除等措施可能会不当侵犯部分未成年人的合法权益。因此，未成年人保护法只作了原则性规定，要求网络服务提供者采取“必要的”保护措施。

98. 现在“网红经济”大行其道，未成年人能注册成为网络主播吗?（第七十六条）

答：未成年人心智发展还不成熟，缺乏一定的判断力和自制力，若放任其上线直播，容易受到个别观众的挑唆诱导，作出不良举动或者形成心理障碍，例如，有的未成年人主播为吸引用户关注、点赞，直播脱衣；有的已孕未成年少女直播晒孕照、医院产检书等。此外，未成年人主播还有可能在直播中被诱导泄露姓名、学校及家庭住址等个人信息，隐私泄露也将会给未成年人带来很多潜在风险。上述情况引起社会广泛关注，在 2019 年 3 月全国“两会”期间，有政协委员提交提案，建议应立法明确禁止未成年人担任网络主播。2020 年《关于开展 2020“清朗”未成年人暑期网络环境专项整治的通知》中要求，严禁未成年人担任主播上线直播。

但同时，也应认识到，网络直播并非洪水猛兽，多样化的网络直播促进了网络文化和“流量经济”的繁荣发展，未成年人通过网络直播、发布视频可以分享自己的兴趣爱好，如读书、音乐、舞蹈、手工等，由此找到有共同兴趣的伙伴，也有未成年人通过这个渠道，凭借自己的知识和本领获取一定的收益，增强了自己的价值感和获得感。根据民法典规定，年满十六周岁以自己的劳动收入为主要生活来源的未成年人，可被视为完全民事行为能力人。上述未成年人已具备一定的辨别能力，也需要一个展示自我的舞台，应保障他们的发展权，可有条件的允许他们进行网络直播。因此，未成年人保护法以十六周岁为界限，对网络直播服务提供者在面向未满十六周岁的未成年人和年满十六周岁的未成年人提供网络主播账号注册服务时作了不同的要求：对于未满十六周岁的未成年人，网络直播服务提供者一律不得为其提供网络直播发布者账号注册服务；对于年满十六周岁的未成年人，网络直播服务提供者可允许其注册成为网络直播发布者，但注册前应对未成年人的身份信息进行认证，并应取得未成年人的父母或者其他监护人同意。

99. 遭受网络欺凌的未成年人应该如何维护自己的权利？（第七十七条）

答：未成年人保护法规定，遭受网络欺凌的未成年人及其父母或者其他监护人有权通知网络服务提供者采取删除、屏蔽、断开链接等措施。关于网络侵权行为的“通知与取下”制度，最早规定在美国《千禧年数字版权法》中，但时至今日，其适用范围早已超出了解决著作权侵权纠纷责任承担的范畴，已发展成为有效解决各类网络平台服务提供者对平台中存在的侵权行为承担何种责任问题的重要制度。如民法典第一千一百九十五条规定，网络用户利用网络服务实施侵权行为的，权利人有权通知网络服务提供者采取删除、屏蔽、断开链接等必要措施。由于网络具有传播速度快、传播范围广等特点，一旦发生侵犯未成年人人格权的网络欺凌行为，可能在几分钟之内就传播到了世界各个角落，如果不赋予被侵权人及时救济的权利，会使损害后果无限扩大，被侵权人最终将无法得到充分救济。

国际上对网络欺凌的应对措施中也作了类似规定，如意大利《关于保护儿童预防和打击网络欺凌的规定》规定，遭受网络欺凌的未成年人或者他们的父母有权要求网站主机和社交网络平台在48小时内删除和屏蔽网络欺凌内容。

需要说明的是，未成年人保护法从对未成年人特殊保护角度出发，考虑到未成年人认识能力和行为能力存在欠缺的实际情况，为更好保护未成年人免受网络欺凌行为的伤害，将“权利人”扩大为“未成年人及其父母或者其他监护人”。

100. 接到未成年人遭受网络欺凌的通知后，网络服务提供者应当履行哪些义务？（第七十七条）

答：作为实施网络欺凌行为的载体，网络服务提供者对处理网络欺凌行为具有十分重要的作用，这体现在以下方面：一是承担对用户发布信息的安全管理义务，网络服务提供者应当对其所登载的信息进行审查；发现违法违规信息的，应当采取必要措施进行删除或屏蔽。二是采取措施制止网络欺凌行为，防止信息扩散。三是应当建立网络欺凌投诉、举报制度，公布投诉、举报方式等信息，及时受理并处理有关网络欺凌的投诉和举报。如我国网络安全法规定，网络运营者应当加强对其用户发布的信息的管理，发现法律、行政法规禁止发布或者传输的信息的，应当立即停止传输该信息，采取消除等处置措施，防止信息扩散，保存有关记录，并向有关主管部门报告。民法典规定，网络服务提供者接到通知后，应当并根据构成侵权的初步证据和服务类型采取必要措施。根据上述规定，未成年人保护法规定，网络服务提供者接到通知后，应当及时采取必要的措施制止网络欺凌行为，防止信息扩散。对于所采取的必要措施，未作具体规定，只要是能达到“制止网络欺凌行为，防止信息扩散”的效果，可由网络服务提供者根据其服务类型和技术能力来自行决定采取何种措施。

101. 如果发现网络产品、服务中含有淫秽、色情等危害未成年人身心健康信息的，应当如何投诉、举报？（第七十九条）

答：重视发挥社会监督的力量，是国际上治理网络违法信息，综合推进网络产业健康发展，规范市场秩序的通行做法。目前，各国基本都有相关的投诉举报机制，并通过多渠道方便各领域用户使用，大大提高了工作效率。如欧盟建立市民热线，社会公众通过热线对违法信息进行投诉举报，然后由热线网络将相关信息报告各主管部门。我国于 2005 年 8 月建立了中国互联网违法和不良信息举报中心，“举报中心”的宗旨是举报违法信息，维护公共利益，任何公民在网上发现违法和不良信息，只要登录到举报中心网站，说明相关信息所在网站的名称和页面位置，提供举报人的必要联系方式，即可实施举报，举报人的权益受到严格保护。被举报网站收到有效举报通知后，有责任及时处理举报，对不及时处理的，举报中心将在网站曝光，并通报国家有关执法部门依法处理。据此，未成年人保护法对社会主体享有的对违法信息的投诉、举报权作了一般性规定，并就投诉举报的途径赋予社会主体以选择权，即任何组织和个人发现网络产品和服务中含有危害未成年人身心健康信息的，既有权向网络产品和服务提供者投诉、举报，也有权向网信、公安等部门投诉、举报。

102. 网络服务提供者发现其用户发布、传播违法或者不良信息时，应当履行哪些安全管理义务？（第八十条）

答：未成年人保护法从保护未成年人工作实际出发，在对网络信息进行原则区分的基础上，针对不同内容的网络信息作了不同规定：一是对可能影响未成年人身心健康的网络信息，未成年人保护法并非绝对禁止其发布、传播，而是要求必须作出显著提示后，方可发布、传播；二是对危害未成年人身心健康的网络信息，未成年人保护法规定，禁止制作、复制、发布、传播含有宣扬淫秽、色情、暴力、邪教、迷信、赌博、引诱自杀、恐怖主义、分裂主义、极端主义等危害未成年人身心健康内容的网络信息。因此，未成年人保护法规定的网络服务提供者对用户发布信息的安全管理义务，根据上述网络信息分类，分别作了规定：

网络服务提供者发现用户发布、传播可能影响未成年人身心健康的信息且未作显著提示的，应当履行以下义务：一是必须作出提示，至于提示的方式，网络服务提供者可选择自行作出提示，或者通知用户，由用户作出提示；二是对于网络服务提供者和用户均未作出提示的可能影响未成年人身心健康的信息，网络服务提供者不得允许用户通过其网络服务将该信息传播给他人。

网络服务提供者发现用户发布、传播含有危害未成年人身心健康内容的信息的，应当履行以下义务：一是应当立即停止传输相关信息，阻止违法信息通过其所提供的网络服务传播给他人；二是根据其提供服务的类型和技术能力，采取相应删除、屏蔽、断开链接等处置措施，防止未成年人继续浏览、复制相关信息；三是保存有关记录，为依法追究信息发布者、传播者的责任提供依据；四是应当根据违法信息的内容和性质，向网信、公安等部门报告。

103. 网络服务提供者发现其用户利用网络服务对未成年人实施诈骗等违法犯罪行为，应当履行哪些义务？（第八十条）

答：网络并非法外之地，网络安全法规定，任何个人和组织使用网络应当遵守宪法法律，遵守公共秩序，尊重社会公德，不得危害网络安全，不得利用网络从事危害国家安全、荣誉和利益，煽动颠覆国家政权、推翻社会主义制度，煽动分裂国家、破坏国家统一，宣扬恐怖主义、极端主义，宣扬民族仇恨、民族歧视，传播暴力、淫秽色情信息，编造、传播虚假信息扰乱经济秩序和社会秩序，以及侵害他人名誉、隐私、知识产权和其他合法权益等活动。此外，为有效惩治利用网络实施违法犯罪的行为，2015 年刑法修正案（九）增设非法利用信息网络罪，规定利用信息网络实施下列行为之一，情节严重的，构成犯罪：（1）设立用于实施诈骗、传授犯罪方法、制作或者销售违禁物品、管制物品等违法犯罪活动的网站、通讯群组的；（2）发布有关制作或者销售毒品、枪支、淫秽物品等违禁物品、管制物品或者其他违法犯罪信息的；（3）为实施诈骗等违法犯罪活动发布信息的。因此，未成年人保护法对网络服务提供者对用户从事违法犯罪行为的安全管理义务作了规定。

网络服务提供者发现用户利用其网络服务对未成年人实施违法犯罪行为的，应当履行以下义务：一是应当立即停止向该用户提供网络服务，阻止用户继续利用其网络服务对未成年人实施违法犯罪行为；二是保存有关记录，为依法追究利用其网络服务实施违法犯罪行为的用户的法律责任提供依据；

三是向公安机关报告利用其网络服务实施违法犯罪行为的用户及其具体违法犯罪行为。

104. 有父母不让未成年子女继续上学的，未成年子女能向教育行政部门求助吗？（第八十三条）

答：未成年子女可以向教育行政部门寻求帮助。义务教育是国家统一实施的所有适龄未成年人必须接受的教育，是教育工作的重中之重，是国家必须予以保障的基础性、公益性事业。父母应当依法送适龄未成年子女按时入学接受并完成义务教育。对尚未完成义务教育的辍学未成年学生，教育行政部门有权责令父母或者其他监护人将其送入学校接受义务教育。

保证义务教育的全面落实，一方面，各级政府应当切实提高认识，加强宣传，主动建立健全控辍保学工作机制。各地要全面掌握辖区内适龄儿童少年情况，加强宣传教育，督促父母或者其他法定监护人依法送适龄未成年人入学并完成义务教育。学校要建立和完善辍学学生劝返复学、登记与书面报告制度，加强家校联系，配合教育行政部门做好辍学学生劝返复学工作。另一方面，各级政府要完善行政督促复学机制。对于无正当理由未送适龄未成年人入学接受义务教育或造成辍学的父母，教育行政部门应当依法给予批评教育，责令限期改正。

105. 未成年人身体上有残疾，学校不让他跟其他学生一起上课的，该行为合法吗？能向教育部门投诉吗？（第八十六条）

答：不合法。根据法律有关规定，具有接受普通教育能力、能适应校园生活的残疾未成年人，各级人民政府应当保障其就近在普通学校接受教育。应当指出的是，残疾未成年人跟其他未成年人一起上学，是融合教育理念的具体体现。推行融合教育，出发点是保障残疾未成年人的社会化发展和社会功能改善，同时对于普通未成年人，融合教育也能帮助他们理解尊重、平等、包容的含义，培养善良、友爱、互助等优秀品质，从而实现残疾未成年人和普通未成年人相互成就的“双赢”教育模式。

如果学校拒绝接收具有接受普通教育能力的残疾未成年人随班就读的，可以向教育行政部门投诉。教育行政部门查实的，应当责令学校限期改正；情节严重的，对直接负责的主管人员和其他直接责任人员依法给予处分。对于不具有接受普通教育能力的残疾未成年人，可以选择特殊教育学校接受义务教育。

106. 对于时有发生的社会闲散人员入校伤害未成年学生、以及未成年学生群体食物中毒等安全事件，政府及其有关部门应当采取哪些措施？（第八十七条）

答：根据法律规定，政府及其有关部门对于校园安全负有保障责任，同时应当监督、指导学校、幼儿园等单位落实校园安全责任，并建立突发安全事件的报告、处置和协调机制。具体来说，包括以下措施：

一是教育、公安、司法行政、建设、交通、文化、卫生、工商、质检、新闻出版等部门在本级人民政府的领导下，依法保障校园安全。其中公安机关要及时了解掌握学校、幼儿园治安状况，及时依法查处扰乱校园秩序、侵害师生人身、财产安全的案件。住房城乡建设部门要加强对学校、幼儿园工程建设过程的监管。环保部门要加强对学校、幼儿园及周边大气、土壤、水体环境安全的监管。消防部门要依法加强对学校、幼儿园的消防安全检查，消除火灾隐患等。

二是教育行政部门应当监督、指导学校、幼儿园等单位落实校园安全责任。教育行政部门应当加强对学校、幼儿园安全工作的检查指导，督促学校、幼儿园建立健全并落实安全管理制度。公安机关要指导学校、幼儿园做好校园保卫工作。卫生部门要加强对学校、幼儿园卫生防疫和卫生保健工作的监督指导。食品药品监管部门对学校、幼儿园食堂和学校、幼儿园采购的用于学生集体使用的食品、药品要加强监督检查，指导、监督学校、幼儿园落实责任，保障食品、药品符合相关标准和规范等。

三是政府应当建立校园突发安全事件的报告、处置和协调机制。当学校、幼儿园发生重特大突发事件时，地方政府要在第一时间启动相应的应急处理预案，统一领导，及时动员和组织救援和事故调查、开展责任认定及善后处理，并及时回应社会关切。

107. 民政部门在什么情形下需要对未成年人承担临时监护责任?（第九十二条）

答：未成年人保护法规定的由民政部门依法对未成年人进行临时监护的情形包括：

（1）未成年人流浪乞讨或者身份不明，暂时查找不到父母或者其他监护人。《社会救助暂行办法》第五十条规定，国家对生活无着的流浪、乞讨人员提供临时食宿、急病救治、协助返回等救助。身份不明、暂时查找不到父母或者其他监护人有多种原因，包括被遗弃、被拐卖等。2015 年《民政部、公安部关于开展查找不到生父母的打拐解救儿童收养工作的通知》规定，公安机关解救被拐卖儿童后，对于暂时查找不到生父母及其他监护人的，应当送交社会福利机构或者救助保护机构抚养，由社会福利机构或者救助保护机构承担临时监护责任。

（2）监护人下落不明且无其他人可以担任监护人。监护人下落不明且无其他人可以担任监护人的，导致未成年人处于监护缺失状态，此时需要民政部门进行临时监护，后续再依法开展查找监护人或者指定新的监护人程序。

（3）监护人因自身客观原因或者因发生自然灾害、事故灾难、公共卫生事件等突发事件不能履行监护职责，导致未成年人监护缺失。

（4）监护人拒绝或者怠于履行监护职责，导致未成年人处于无人照料的状态。民法典规定，监护人怠于履行监护职责，或者无法履行监护职责且拒绝将监护职责部分或者全部委托给他人，导致被监护人处于危困状态的，人民法院根据有关个人或者组织的申请，撤销其监护人资格，安排必要的临时监护措施，并按照最有利于被监护人的原则依法指定监护人。

（5）监护人教唆、利用未成年人实施严重违法犯罪行为，未成年人需要被带离安置。2014 年最高人民法院、最高人民检察院、公安部、民政部《关于依法处理监护人侵害未成年人权益行为若干问题的意见》规定，对于父母或者其他监护人教唆、利用未成年人实施违法犯罪行为，公安机关应当采取措施，及时制止，情况紧急时将未成年人带离监护人。

（6）未成年人遭受监护人严重伤害或者面临严重人身安全威胁，需要被紧急安置。反家庭暴力法规定，无民事行为能力人、限制民事行为能力人因家庭暴力身体受到严重伤害、面临人身安全威胁或者处于无人照料等危险状态的，公安机关应当通知并协助民政部门将其安置到临时庇护场所、救助管理机构或者福利机构。

（7）法律规定的其他情形。有关法律还可以规定其他情形下民政部门应当采取临时监护措施。

108. 对接受临时监护的未成年人，民政部门可以将其委托给其他家庭进行养育吗？（第九十三条）

答：可以。未成年人保护法规定民政部门可采取的安置措施主要包括：

（1）委托亲属抚养。这主要是考虑到未成年人亲属对未成年人情况比较熟悉，便于对未成年人进行临时监护。民政部、全国妇联《关于做好家庭暴力受害人庇护救助工作的指导意见》规定，其他监护人、近亲属前来接领未成年受害人的，经公安机关或村（居）民委员会确认其身份后，救助管理机构可以将未成年受害人交由其照料，并与其办理书面交接手续。

（2）家庭寄养。家庭寄养，是指经过规定的程序，将民政部门监护的儿童委托在符合条件的家庭中养育的照料模式。2014 年《家庭寄养管理办法》规定，未满十八周岁、监护权在县级以上地方人民政府民政部门的孤儿、查找不到生父母的弃婴和儿童，可以被寄养，并对寄养家庭应具备的条件作了规定，包括居住环境、家庭收入、文化程度、健康状况等内容。国务院《关于加强困境儿童保障工作的意见》规定，鼓励爱心家庭依据相关规定，为有需要的困境儿童提供家庭寄养、委托代养、爱心助养等服务，帮助困境儿童得到妥善照料和家庭亲情。

（3）交由未成年人保护机构或者儿童福利机构收留、抚养。反家庭暴力法规定，无民事行为能力人、限制民事行为能力人因家庭暴力身体受到严重伤害、面临人身安全威胁或者处于无人照料等危险状态的，公安机关应当通知并协助民政部门将其安置到临时庇护场所、救助管理机构或者福利机构。我国高度重视未成年人救助保护机构建设，共青团中央、中宣部、中央综治办等部门《关于贯彻未成年人保护法实施“未成年人保护行动”的意见》规定，加强儿童福利机构和流浪未成年人救助保护机构建设，将其纳入经济社会发展规划。国务院《关于加强困境儿童保障工作的意见》规定，逐步完善救助保护机构场所设施，健全服务功能，增强服务能力，满足监护照料困境儿童需要。

109. 因父母被强制戒毒而接受临时监护的未成年人，父母戒毒成功后，民政部门是否可以将其送回由父母抚养？（第九十三条）

答：可以。未成年人保护法规定，临时监护期间，经民政部门评估，监护人重新具备履行监护职责条件的，民政部门可以将未成年人送回监护人抚养。《全国民政标准化“十三五”发展规划》规定，在未成年人保护标准方面，着重开展未成年人风险评估、家庭监护评估、委托监护操作指南、农村留守儿童替代照料服务等标准研制。最高人民法院、最高人民检察院、公安部、民政部《关于依法处理监护人侵害未成年人权益行为若干问题的意见》规定，未成年人救助保护机构可以组织社会工作服务机构等社会力量，对监护人开展监护指导、心理疏导等教育辅导工作，并对未成年人的家庭基本情况、监护情况、监护人悔过情况、未成年人身心健康状况以及未成年人意愿等进行调查评估。未成年人救助保护机构应当与公安机关、村（居）民委员会、学校以及未成年人亲属等进行会商，根据案件侦办查处情况说明、调查评估报告和监护人接受教育辅导等情况，并征求有表达能力的未成年人意见，形成会商结论。经会商认为未成年人面临的相关危险状态已消除，监护人能够正确履行监护职责的，未成年人救助保护机构应当及时通知监护人领回未成年人。

110. 公安机关解救的被拐卖未成年人中，如果因年代久远等原因，已无法查明未成年人的父母或者其他监护人的，应当如何处理？（第九十四条）

答：公安机关解救的被拐卖未成年人中，因年代久远等原因，已无法查明父母或者其他监护人的未成年人同无法查明父母或者其他监护人的被遗弃儿童、超过3个月仍无法查明父母或者其他监护人的流浪乞讨儿童等未成年人一样，属于法律规定应由民政部门进行长期监护的未成年人，公安机关可以按照未成年人保护法第九十四条的相关规定，送民政部门对其进行长期监护。

除查找不到未成年人的父母或者其他监护人的情形之外，法律还规定了四种由民政部门承担长期监护职责的情形：一是监护人死亡或者被宣告死亡且无其他人可以担任监护人的；二是监护人丧失监护能力且无其他人可以担任监护人的；三是人民法院判决撤销监护人资格并指定由民政部门担任监护人的；四是法律规定的其他情形。法定情形下，有关机关可以将未成年人送民政部门进行长期监护。

111. 人民法院因父母严重虐待未成年子女而撤销父母的监护人资格，并指定由民政部门担任监护人的，民政部门是否可以将未成年人送养？（第九十五条）

答：民政部门长期监护的未成年人有依法被收养的权利。民政部门长期监护的未成年人的收养应当依法进行。首先，由民政部门依法进行收养评估。收养评估可以由收养登记机关委托的第三方机构或者收养登记机关开展，也可以由收养登记机关自行评估。评估标准包括收养动机、年龄、健康状况、道德品行情况、经济及住房情况、婚姻家庭情况、共同生活家庭成员意见、抚育计划等。收养申请人参加邪教组织、邪恶教派的，有买卖、虐待或遗弃儿童行为的，有持续性、经常性家庭暴力的，有故意犯罪行为、判处或可能判处徒刑以上刑罚的，患甲类或乙类传染病在传染期的，患重型精神病在发病期的，不得收养儿童。其次，被收养未成年人和收养申请人必须符合法律关于收养条件的规定。收养关系成立后，收养人成为被收养未成年人的监护人，民政部门与未成年人的监护关系终止。

112. 全国各地的未成年人是否可以拨打全国统一的未成年人保护热线进行维权？（第九十七条）

答：为更好维护未成年人的合法权益，许多地方政府都探索开通了本地区的未成年人保护热线。2020 年 9 月，国家试点开通全国统一的未成年人保护热线，确定江西省、广西壮族自治区、贵州省、山西省、青海省 5 个省（区），内蒙古自治区包头市，辽宁省大连市，江苏省苏州市，浙江省杭州市、台州市，河南省洛阳市，湖北省武汉市、荆州市、孝感市、鄂州市，广东省广州市，四川省德阳市、广元市等 13 个市为全国统一的儿童救助保护热线试点地区，设置统一热线号码为“12349”。儿童救助保护热线受理内容包括：儿童救助保护相关政策法规咨询服务，各类侵害未成年人权益案件线索、儿童心理问题疏导、情绪抚慰等服务，帮扶转介服务，儿童生活困难求助受理等。未成年人可以通过拨打全国统一的未成年人保护热线进行维权。

113. 司法机关应当由什么机构或者人员来办理涉及未成年人案件？（第一百零一条）

答：公安机关、人民检察院、人民法院和司法行政部门在办理涉及未成年人案件时，应当由专门机构或者指定专门人员，负责办理涉及未成年人案件。办理涉及未成年人案件的人员，应当经过专门培训，熟悉未成年人身心特点，具备心理学、教育学、社会学、犯罪学等方面的知识，善于做未成年人思想教育工作。

有些违法犯罪行为人或受害人是女未成年人，由女性工作人员开展搜查、讯问、询问等工作，发挥女性独特的工作办法、缜密的思维能力、细致的工作心态等优势，有助于了解案件情况、保护当事人隐私，呵护未成年人健康成长。因而，未成年人保护法作了专门规定，要求司法机关负责办理涉及未成年人案件的专门机构或者专门人员中，应当有女性工作人员。此外，刑事诉讼法规定，讯问女性未成年犯罪嫌疑人，应当有女性工作人员在场；最高人民法院等部门颁布的《关于依法惩治性侵害未成年人犯罪的意见》规定，性侵害未成年人犯罪案件中，未成年被害人系女性的，应当有女性工作人员参与。

114. 司法机关办理涉及未成年人案件，有哪些需要注意？（第一百零二条、第一百零三条）

答：公安机关、人民检察院、人民法院和司法行政部门办理涉及未成年人案件时，需要注意以下几点：（1）使用未成年人能够理解的语言和表达方式。未成年人对语言的理解能力和表达能力还不够成熟，需要把成年人化的语言以及法律专业用语转化为有助于未成年人理解的通俗易懂的语言。同时，也要注意与未成年人之间的沟通交流和表达方式，确保未成年人能够听得明白、理解得清楚。（2）听取未成年人的意见。司法机关工作人员在与未成年人沟通时，应当耐心听取未成年人所说的内容，详细了解具体情况。（3）注重保护未成年人隐私和个人信息。司法机关以及其他组织和个人不得披露有关案件中未成年人的姓名、影像、住所、就读学校以及其他可能识别出其身份的信息，这些信息还包括出生日期、身份证件号码、生物识别信息、电话号码、电子邮箱、健康信息、行踪信息等，避免给未成年人带来心理压力甚至心理创伤。但是，为了查找失踪、被拐卖未成年人，可以披露未成年人信息，便于侦破案件，及时寻找、解救未成年人。

115. 未成年人需要法律援助或者司法救助时，向哪些单位寻求帮助？（第一百零四条）

答：未成年人因为家庭困难或者其他原因，支付不起律师费，需要法律援助的，可以向法律援助机构提出申请，也可以向有关公安机关、人民检察院、人民法院和司法行政部门提出申请，由法律援助机构指派熟悉未成年人身心特点的律师为未成年人提供法律咨询、代理案件、刑事辩护等无偿法律援助服务。未成年人是民事、行政等案件当事人，交不起案件诉讼费的，可以向人民法院申请司法救助，人民法院根据情况决定缓交、减交或者免交诉讼费用。未成年人申请法律援助或者司法救助的，需要其法定代理人按照要求提供家庭困难等方面的证明材料。

116. 未成年人的合法权益受到侵犯，父母未代为提起诉讼时，向谁寻求支持？（第一百零六条）

答：在未成年人的合法权益受到侵犯时，未成年人父母应当积极代理未成年人通过诉讼维护权益，代为行使诉讼权利和承担诉讼义务。未成年人的父母作为法定代理人进行诉讼，既是依法享有的权利，也是应尽的法定义务。实践中，有些未成年人的父母，由于担心影响工作、增加自身负担、碍于情面、缺乏法律知识等，未及时代为提起诉讼，怠于或者难以履行保护未成年人人身权利、财产权利及其他合法权益的监护职责，致使未成年人的权益未能获得及时救济。这种情况下，人民检察院可以督促未成年人的父母提起诉讼，并可以通过提供咨询服务、协助调查取证等方式支持其提起诉讼。

117. 人民法院审理父母的离婚案件，涉及未成年人由谁抚养时，要不要听取未成年人的意见？（第一百零七条）

答：未成年子女的抚养权问题，往往是离婚案件诉争的焦点。人民法院在审理离婚案件时，判定未成年人随父亲还是随母亲生活，与未成年人自身权益密切相关，应当尊重未成年人的内心真实想法，认真听取未成年人的意见。已满八周岁未成年子女，已有一定的自主认识和判断能力，根据日常的亲情感受、生活体验等，基本上能够作出符合自己意愿的独立判断。

需要说明的是，毕竟未成年人的认识能力和判断能力还不够成熟，人民法院还应结合父母双方的经济条件、生活环境、个人品行等具体情况进行综合判断，按照最有利于未成年子女的原则，判定未成年人随父亲或者母亲生活。

118. 父母不依法履行监护职责，可以向人民法院寻求哪些帮助？（第一百零八条）

答：父母是未成年人的监护人，应当勤勉尽力地履行监护职责，保护未成年人的人身权利、财产权利以及其他合法权益。但有些未成年人的父母未能尽到监护职责，甚至严重侵害未成年人权益，这主要有以下情形：（1）性侵害、出卖、遗弃、虐待、暴力伤害未成年人，严重损害未成年人身心健康的；（2）将未成年人置于无人监管和照看的状态，导致未成年人面临死亡或者严重伤害危险，经教育不改的；（3）长期拒不履行监护职责，导致未成年人流离失所或者生活无着的；（4）有吸毒、赌博、长期酗酒等恶习无法正确履行监护职责或者因服刑等原因无法履行监护职责，且拒绝将监护职责部分或者全部委托给他人，致使未成年人处于困境或者危险状态的；（5）胁迫、诱骗、利用未成年人乞讨，经公安机关和未成年人救助保护机构等部门批评教育拒不改正，严重影响未成年人正常生活和学习的；（6）教唆、利用未成年人实施违法犯罪行为，情节恶劣的。

根据我国民法典第三十六条的规定，监护人有实施严重损害被监护人身心健康等的行为，人民法院根据有关个人或者组织的申请，撤销其监护人资格，安排必要的临时监护措施，并按照最有利于被监护人的原则依法指定监护人。这里所说的有关个人、组织，包括：其他依法具有监护资格的人，居民委员会、村民委员会、学校、医疗机构、妇女联合会、残疾人联合会、未成年人保护组织、依法设立的老年人组织等，以上个人和组织未及时向人民法院申请撤销监护人资格的，民政部门应当向人民法院申请。人民法院审理撤销监护人资格案件，比照民事诉讼法规定的特别程序进行，通常应当在一个月内审理结案。

119. 司法机关讯问未成年犯罪嫌疑人、被告人，询问未成年被害人、证人，应当依法通知哪些人到场，采取哪些保护措施？（第一百一十条）

答：司法机关讯问未成年犯罪嫌疑人、被告人，询问未成年被害人、证人，应当通知他们的法定代理人到场。无法通知或者法定代理人不能到场的，也可以通知他们的其他成年亲属，所在学校、单位、居住地基层组织或者未成年人保护组织的代表等合适成年人到场。讯问和询问应当结合未成年人的身心特点，采取适当的方式，由熟悉未成年人身心特点的工作人员进行。要维护其人格尊严，不得对未成年人使用带有暴力性、贬损性色彩的语言。讯问、询问一般应当在办案机关专设的未成年人工作场所、专门讯问室、专门询问室等场所进行。未成年人及其法定代理人的住所、学校或者其他场所更为适宜的，也可以在上述地点进行讯问、询问，不过应当避免穿着制服、驾驶警车或者采取其他可能暴露未成年犯罪嫌疑人身份、隐私，影响其名誉的方式。人民法院开庭审理涉及未成年人案件，未成年被害人、证人一般不出庭作证；必须出庭的，应当采取保护其隐私的技术手段和心理干预等保护措施。

120. 对遭受性侵害或者暴力伤害的未成年被害人及其家庭，司法机关应当采取哪些保护措施？（第一百一十一条）

答：性侵害和暴力伤害对未成年人及其家庭往往会造成经济、生活、心理等方面的严重影响。司法机关在办案过程中，应当与教育、民政等部门，共青团、妇联、工会等人民团体，社工组织、未成年人保护组织等社会组织相互配合，采取相应的保护措施。主要包括：对未成年人采取心理咨询、心理疏导、心理测评等心理干预措施；未成年被害人具备特定情形、符合特定条件的，有权申请司法救助，办案部门也可以主动启动救助程序，收集相关材料，提出救助意见，移送负责经济救助的部门办理；未成年被害人及其法定代理人因经济困难或者其他原因没有委托诉讼代理人的，司法机关应当帮助其申请法律援助；未成年被害人需要更换居住地、转入其他学校就读的，司法机关应当积极协调教育行政部门、学校和户籍登记机关等单位，为未成年人办理转学安置。未成年被害人同时面临多种严重困难的，司法机关应当协调有关部门进行综合救助。

121. 办理未成年人遭受性侵害或者暴力伤害案件，在询问未成年被害人、证人时，应当采取哪些保护措施？（第一百一十二条）

答：为了尽量避免不同办案机关及部门对未成年被害人、证人多次询问，避免未成年被害人、证人重复犯罪场景，造成二次伤害，在办理未成年人遭受性侵害或者暴力伤害案件时，应当采取同步录音录像等措施，尽量一次完成。所谓同步录音录像，是指在询问时全过程实施不间断的录音、录像，这是规范询问行为、保证询问活动合法性的重要手段。同步录音录像资料是办案机关的工作资料，不公开使用，实行有条件调取查看或者法庭播放。在审判过程中，公诉人认为询问录音、录像资料不宜在法庭上播放的，应当建议在审判人员、公诉人、被告人及其辩护人的范围内进行播放、质证。考虑到女性未成年被害人、证人的性别特点，在遭受性侵害或者暴力伤害案件后，对异性往往会产生强烈的排斥情绪，法律规定未成年被害人、证人是女性的，应当由女性工作人员进行询问，保护女性未成年人的隐私等合法权益，缓解她们的紧张、畏惧情绪和排斥心理，确保询问工作的顺利进行。

122. 能否歧视违法犯罪的未成年人？（第一百一十三条）

答：对违法犯罪的未成年人，应当实行教育、感化、挽救的方针，坚持教育为主、惩罚为辅的原则，不得进行歧视。我国宪法和教育法、义务教育法、劳动法等法律对公民接受教育的权利和义务、劳动的权利和义务作出了明确规定。违法犯罪的未成年人被依法处罚，有的需要继续接受教育，有的需要就业，为了促进他们积极接受教育改造、早日回归社会，应当宽容对待他们，确保他们在复学、升学、就业等方面与其他未成年人享有同等的权利。违法犯罪的未成年人在被执行刑罚期间，对没有完成义务教育的，执行机关应当保证对其继续进行义务教育。对于羁押期满的未成年人需要复学升学的，与普通未成年学生应享有同等的权利，任何单位和个人不得歧视，要求复学的，有关部门和学校应当为他们办理复学手续；对符合升学条件的，应当允许其升学，不得为其设置障碍。违法犯罪的未成年人被依法处罚后，需要就业的，政府部门和企业、社会组织应当积极给予帮助，使他们平等享有就业机会，帮助他们较好地完成教育改造并尽快回归社会。

123. 发现有关单位未尽到未成年人保护职责的，司法机关应当怎么办？（第一百一十四条）

答：保护未成年人是国家机关、武装力量、政党、人民团体、企业事业单位、社会组织、城乡基层群众性自治组织、未成年人的监护人和其他成年人的共同责任。为促使这些单位履行好未成年人教育、管理、救助、看护等保护职责，司法机关发现有关单位未尽到职责的，应当向该单位提出建议。司法机关提出的建议，通常以司法建议、检察建议等正式书面形式。通过向有关单位提出建议，可以积极有效促进有关单位完善管理、消除隐患、改进工作、规范行为，不断提高科学管理水平，依法履行未成年人保护职责。向有关单位提出建议，要坚持必要性、针对性、规范性和实效性原则，做到把握问题准确，分析问题透彻，依据充足，说理充分，建议客观合理，方案切实可行，行文严谨规范，确保建议质量。被建议单位应当在一个月内作出书面回复。被建议单位在规定期限内经督促无正当理由不予整改或者整改不到位的，司法机关可以通报被建议单位的上级机关、行政主管部门或者行业自律组织等，必要时可以报告同级党委、人大，通报同级政府、纪检监察机关，督促被建议单位积极整改落实。

124. 在涉及未成年人案件中，社会组织、社会工作者可以开展哪些工作？（第一百一十六条）

答：社会组织、社会工作者参与未成年人司法保护相关工作，是近年来未成年人司法工作的一个重要特点。社会组织、社会工作者通过发挥自身专业优势，能够对司法机关开展未成年人司法保护进行有益补充，使未成年人案件中的未成年人在心理、行为等方面得到更好的矫治，有利于未成年人尽快恢复正常，回归社会。实践中，社会组织、社会工作者可以积极参与涉及未成年人案件中对未成年人的心理疏导、心理测评、法律援助、社会调查、社会观护、教育矫治、社区矫正等工作，提高未成年人权益保护和犯罪预防的专业化水平，推动建立健全司法借助社会专业力量的长效机制。国家通过政府购买服务、聘请人员参与等方式，鼓励和支持社会组织、社会工作者参与上述司法保护活动。

125. 不依法履行监护职责或者侵犯未成年人合法权益的父母或者其他监护人，应当承担什么法律责任？（第一百一十八条）

答：未成年人的父母或者其他监护人不依法履行监护职责，主要指未成年人的父母或者其他监护人不作为，导致未成年人的合法权益得不到应有的保护，比如发现未成年人身心健康受到侵害、疑似受到侵害或者其他合法权益受到侵犯时，未能及时采取保护措施，情况严重的未能及时向公安、民政、教育等部门报告。侵犯未成年人合法权益，主要指未成年人的父母或者其他监护人主动做出违法行为，侵犯未成年人的合法权益，如虐待、遗弃、非法送养未成年人或者对未成年人实施家庭暴力，违法处分、侵吞未成年人的财产或者利用未成年人牟取不正当利益等。出现以上情况，居住地的居民委员会、村民委员会应当予以劝诫、制止，情节严重的，应当及时向公安机关报告。公安机关接到报告或者公安机关、人民检察院、人民法院在办理案件过程中发现未成年人的父母或者其他监护人存在上述情形的，应当予以训诫，并可以责令其接受家庭教育指导。

126. 学校、幼儿园的教职员工打骂、体罚未成年人，会受到法律惩罚吗？（第一百一十九条）

答：根据未成年人保护法规定，学校、幼儿园的教职员工应当尊重未成年人人格尊严，不得对未成年人实施体罚、变相体罚或者其他侮辱人格尊严的行为。违反这一规定，应当由公安、教育、卫生健康、市场监督管理等部门按照职责分工责令改正；拒不改正或者情节严重的，对直接负责的主管人员和其他直接责任人员依法给予处分。如果行为人是公职人员，其行为违反公职人员政务处分法有关规定的，由监察机关给予相应的政务处分。

127. 学校违反国家规定开除、变相开除未成年学生的，应当承担什么法律责任？（第一百一十九条）

答：根据未成年人保护法规定，学校应当保障未成年学生受教育的权利，不得违反国家规定开除、变相开除未成年学生。学校应当对尚未完成义务教育的辍学未成年学生进行登记并劝返复学；劝返无效的，应当及时向教育行政部门书面报告。如果学校违反这些规定，由公安、教育、卫生健康、市场监督管理等部门按照职责分工责令改正；拒不改正或者情节严重的，对直接负责的主管人员和其他直接责任人员依法给予处分。

128. 图书馆、青少年宫等不对未成年人免费开放，博物馆、纪念馆、科技馆、展览馆等不对未成年人免费或者优惠开放，城市公共交通等不对未成年人实施免费或者优惠票价的，应当承担什么法律责任？（第一百二十条）

答：提高未成年人福利待遇和水平，是保护未成年人的应有之意。未成年人保护法对图书馆、青少年宫、博物馆、纪念馆、城市公共交通等未给予未成年人免费或者优惠待遇的，规定了如下法律责任：（1）责令限期改正，给予警告。其中，责令限期改正，是指行政机关责令违法行为人停止和纠正违法行为，以恢复原状，维持法定的秩序或者状态，具有事后救济性。警告是指行政机关对违法者实施的一种谴责和告诫。它既具有教育性质又具有制裁性质，目的是向违法者发出警戒，声明行为人的行为已经违法，避免其再犯。（2）拒不改正的，处1万元以上10万元以下罚款。罚款是指行政机关依法强制违反行政管理法规的行为人（包括自然人、法人及其他组织）在一定期限内缴纳一定数量货币的行政处罚。罚款是一种适用范围比较广泛的财产罚。另外，关于罚款的数额，未成年人保护法对这类违法行为没有规定具体数额，而是以幅度的方式进行了规定。实践中，行政机关可以综合考虑行为人违法行为的目的、主观过错的性质（故意或过失）、危害结果的程度等因素，在未成年人保护法规定的罚款幅度范围内确定。未成年人保护法还对适用罚款处罚作了限定条件，必须是违法行为人“拒不改正”的前提下。也就是说，行政机关必须先责令违法行为人限期改正，停止和纠正违法行为，若违法行为人拒不改正才可以予以罚款的处罚。

129. 大型商场等场所运营单位不履行设置安全警报系统等安全管理义务，住宿经营者不履行询问和报告义务的，应当承担什么法律责任？（第一百二十二条）

答：为加强相关场所运营单位和住宿经营者对未成年人的安全保护义务，未成年人保护法对大型商场等场所运营单位不履行设置安全警报系统等安全管理义务，住宿经营者不履行询问和报告义务的，规定了如下法律责任：（1）责令限期改正，给予警告；（2）拒不改正或者造成严重后果的，责令停业整顿或者吊销营业执照、吊销相关许可证，并处1万元以上10万元以下罚款。其中，责令停业整顿与责令停产停业相同，是指行政机关要求从事违法生产经营活动的公民、法人或其他组织停止生产、停止经营的处罚形式。责令停业整顿是行政机关对违反行政法律规范的行政相对方所采取的限制或剥夺其特定行为能力或资格的一种处罚措施。责令停业整顿的目的是纠正错误，改进工作。被处罚组织或个人在停业整顿期间应当进行整顿，纠正违法行为，行政机关认为其达到恢复运营条件的，才可以重新开展相关业务。吊销营业执照、吊销相关许可证是指行政机关通过对违法的公民、法人或者其他组织依法实行吊销依申请而核发的营业执照和相关许可证，剥夺其从事某项生产或经营活动的权利，是一种较为严重的处罚措施。

130. 营业娱乐场所、酒吧、网吧等经营场所，烟、酒、彩票等经营者违反未成年人保护法规定的保护义务的，应当承担什么法律责任？（第一百二十三条）

答： 为了给未成年人创造良好的成长环境，保护身心健康发展，未成年人保护法对营业娱乐场所、酒吧、网吧等经营场所，烟、酒、彩票等经营者违反未成年人保护法规定的保护义务，规定了如下法律责任：（1）责令限期改正，给予警告，没收违法所得，可以并处5万元以下罚款。其中，没收违法所得是指国家行政机关根据行政管理法规，将行为人的违法所获得的财物强制无偿收归国有的一项行政处罚措施。没收违法所得是一种财产罚。给予“没收违法所得”处罚的前提是行为人通过违法行为获得了收益，否则不能也无法给予该处罚。（2）拒不改正或者情节严重的，责令停业整顿或者吊销营业执照、吊销相关许可证，可以并处5万元以上50万元以下罚款。

131. 营业性娱乐场所、酒吧、网吧等不适宜未成年人活动的场所，招用已满十六周岁的未成年人，应当承担什么法律责任？（第一百二十五条）

答： 为加强对未成年人的劳动保护，未成年人保护法对营业性娱乐场所、酒吧、网吧等不适宜未成年人活动的场所招用已满十六周岁未成年人的，规定了如下法律责任：（1）责令限期改正，给予警告，没收违法所得，可以并处10万元以下罚款；（2）拒不改正或者情节严重的，责令停产停业或者吊销营业执照、吊销相关许可证，并处10万元以上100万元以下罚款。

132. 信息处理者非法处理未成年人个人信息、不履行个人信息保护义务，网络产品和服务提供者不履行预防未成年人沉迷网络、防治网络欺凌、信息内容安全管理等义务的行为，应当承担什么法律责任？（第一百二十七条）

答：为加强对未成年人的网络保护，未成年人保护法对信息处理者非法处理未成年人个人信息、不履行个人信息保护义务，网络产品和服务提供者不履行预防未成年人沉迷网络、防治网络欺凌、信息内容安全管理等义务的，规定了如下法律责任：（1）责令改正，给予警告，没收违法所得，违法所得100万元以上的，并处违法所得1倍以上10倍以下罚款，没有违法所得或者违法所得不足100万元的，并处10万元以上100万元以下罚款，对直接负责的主管人员和其他责任人员处1万元以上10万元以下罚款；（2）拒不改正或者情节严重的，并可以责令暂停相关业务、停业整顿、关闭网站、吊销营业执照或者吊销相关许可证。其中，责令关闭网站与责令停产停业相类似，属于行政机关针对信息处理者、网络产品和服务提供者等网络运营者的特殊停产停业方式。